『一带一路』国际法学术文库系列丛书
Book Series of International Law on One Belt and One Road
王瀚/主编

“一带一路”国际法学术文库系列丛书

1

王　瀚　主编

本系列丛书获得陕西省哲学社会科学重点研究基地西北政法大学国际法研究中心专项资金、陕西省国际法学科三秦学者创新团队专项科研资金、西北政法大学丝绸之路区域合作与发展法律研究院专项资金资助出版

“一带一路”贸易便利化法律问题研究

刘　冰/著

法律出版社
LAW PRESS · CHINA

“一带一路”国际法学术文库系列丛书

编委会

总　序

在进入 21 世纪第二个十年之际，世界正经历着“百年未有之大变局”。谋和平、求合作、促发展成为各国人民应对这一变局的共同期许；且越来越多的国家走向了支持国际关系民主化、发展模式多元化的多边主义道路。对于中国而言，亦是如此。随着改革开放的不断推进和国内经济的稳定发展，中国已然成为多边主义、自由贸易秩序的倡导者和推动者。特别是，习近平主席提出“一带一路”倡议以来，以“共商、共建、共享”原则和理念指导的“一带一路”建设极好地体现了中国与合作伙伴一起致力于提振全球经济、推动国际法治、应对“全球治理赤字”的坚定决心。而目前共建“一带一路”之所以合作成果丰硕，进展超出预期，并受到国际社会的广泛欢迎，这很大程度上是因为“一带一路”坚持以平等互利为原则，以合作共赢为目标，以开放包容为宗旨，以对接发展为途径，以规则法治为基础。由是观之，规则法治既是“一带一路”走向世界的通行证，也是应对风险挑战的安全阀。我们既要推进“一带一路”基础设施的“硬联通”，也要加强“一带一路”规则、标准的“软联通”，不断完善“一带一路”法治保障体系，深化“一带一路”法治交流与国际合作。

“一带一路”倡议所引领的全球治理是一种新型的全球化国际法治实践。这也就意味着,传统的国内法和国际法各自为政的格局将受到严峻挑战。新的全球治理与国际法治要求:“一带一路”所引领的全球治理要依赖国内法与国际法的联结贯通、国家法与民间法的相得益彰、公法主体与私法主体的携手合作、政治国家与市民社会的并行不悖。“一带一路”背景下全球治理的法律规则也将呈现出前所未有的多元化、灵活性和自治性。其中,构建人类命运共同体是全球治理下国际法治实践的价值指针,其含义隽永、思想深邃。

在“一带一路”倡议共建过程中,我们需要进一步推进依法治国,应从立法层面明确国际法规则和国内法之间的关系,更好地按相关流程解决好“一带一路”法律实践中与相关缔约国所签订的条约批准和认定问题。在国际秩序变革的实践中,努力实现从国际法规则的维护者、接受者,转变为国际规则定制的积极倡导者和参与者。同时,应努力研究国际规则定制的法理,以及国际规则定制与中国话语表达的途径和方式,且应当加深对现有国际条约规则文本的研究,提高运用国际规则的技术和能力,为与“一带一路”沿线国家的合作与竞争赢得法律利益。从根本上说,就是要深度参与全球治理。为了更好地推动对新形势下国际法前沿问题的研究,我们决定编辑出版“‘一带一路’国际法学术文库”,以后我们将和法律出版社同仁一道,相继推出系列国际法学术成果,以凝练学科方向,泽被科研先进。

“一带一路”倡议是全新的法治实践,亦是一个复杂的系统工程,有太多的命题需要从多维视角的观察与解读。希望通过本学术文库的资助,能够在未来的几年时间里产生一批大胆探索、小心求证、勇于实践、开拓创新的国际法学术成果,真正打造具有国际视野、体现中国立场、富含平民情怀的智库级学术精品,以期为国家的社会主义法治建设、涉外法律人才培养贡献力量。

王　瀚

陕西省“三秦学者”特聘教授,西北政法大学国际法研究中心主任、丝绸之路区域合作与发展法律研究院院长、国际法学科带头人、博士生导师

目录

第一章 绪 论

“一带一路”建设也被称为中国对外开放的2.0版本，是继改革开放之后，中国第二次深化对外开放格局，重点发展中西部经济，实现内陆地区对外开放的重要举措，旨在构建各国平等互利、共赢发展的新经济合作模式。自“一带一路”建设提出以来，中国多次主办“一带一路”贸易便利化相关论坛与研讨会，沿线国家积极参与并贡献良策。[①] 中国海关自2014年以来已经与沿线国家签署了上百份合作文件，适用范围多达50多个国家和地区。促进经认证的经营者互认(AEO)及与欧盟达成的AEO互认制度，大大降低了货物通关的查验率，提高了通关效率。[②] 但“一带一路”所涉国家众多，各国贸易便利化的措施和制度千差万别，便利化水平参差不齐，这些问题不可能仅通过一国之力或几次国际性会议就能完全得到解决，影响“一带一路”贸易畅通的问题依然存在。“一带一

---

① 如“‘一带一路’国际合作高峰论坛”，中国北京，2017年5月14日；“‘一带一路’沿线国家海关贸易便利化高级研讨会”，中国广州，2017年6月20日；“‘一带一路’国际贸易便利化高峰论坛”，中国满洲里，2017年8月18日。

② 参见杜海涛：《中国海关推动提升“一带一路”贸易便利化》，载《人民日报》2017年5月12日。

路”沿线发展中国家居多,经济发展整体水平较为落后,海关基础设施建设状况较差,这些问题严重制约了国家之间的贸易流通,再加上大部分国家因自身能力的限制,无法达成或参与议题覆盖广泛的多边贸易便利化规则,这就使“一带一路”沿线国家之间在解决贸易便利化问题上缺乏相应的法律基础。

“一带一路”所要解决的重点问题是货物通关便利化,这也是“一带一路”倡议的精神所在,即“贸易畅通”。实现“贸易畅通”,首先要解决通关难,通关慢的问题。WTO 多边《贸易便利化协定》的问世为“一带一路”贸易便利化的推进提供了广泛的法律合作基础,同时也提供了海关措施简化与能力建设的标准框架并在此基础上,将《贸易便利化协定》中的海关措施、海关能力合作等规则带入“一带一路”贸易便利化之中,分析“一带一路”现有措施与多边规则之间的差距,以及面临的挑战。再结合“一带一路”整体的经济发展状况、贸易便利化水平、对沿线国家和地区的贸易便利化进行实证评估,来寻求如何在兼顾各国最大实际需求与利益的前提下,构建符合“一带一路”特色的贸易便利化法律制度。“一带一路”的大部分国家尚无法达成或实施比海关措施更加广泛的制度安排,因此,统一多边规则尚无法直接适用于“一带一路”贸易便利化的问题。“贸易便利化”是一个动态的表述,在不同历史阶段,特别是不同的国际经济贸易发展阶段,其内涵是不同的。在“一带一路”背景下,贸易便利化主要是针对中国与沿线国家如何更加高效地推进贸易合作而实施的一系列改善措施。基于这样的一个背景和特定的研究对象(“一带一路”沿线国家),贸易便利化法律框架的设计不可能采用同一标准,而应该采用一体多元的方式。首先,“一带一路”沿线国家是一个变动中的整体性概念。其次,由于“一带一路”沿线国家所处区域、参加的国际组织和签订的国际条约既有共性又有自身特质,应该进行合理的分类研究,比如根据所参加的国际条约进行分类,或者根据其贸易便利化指数排名进行分类,目的在于根据各国的实际情况设计贸易便利化方案。最后,应当将“一带一路”贸易便利化问题统一到中国对外经济开放战略背景下进行法律制度上的整体设计。

因此,“一带一路”贸易便利化是在维护多边安排的基础上,寻求沿线国家之间在贸易便利化方面更深度的合作,构建适合沿线国家的贸易便利化法律基础与合作路径。WTO 多边《贸易便利化协定》的主要问题在于"一视同仁"的适用统一标准,这给很多发展中国家和不发达国家造成了沉重的实施负担,虽然协定中也纳入了援助措施,但援助本身是否能够解决这一问题仍需进一步观察,这种不确定性让很多国家对协定望而却步。多边谈判时间的漫长与实施的困难是国际社会的共识,在多边贸易便利化谈判的几十年里,区域贸易协定发展迅速,其在贸易便利化方面的合作程度早已超过了协定的现有措施,这些区域合作中不乏"一带一路"沿线的区域和国家。本书从多边贸易谈判入手,分析多边贸易便利化谈判进程中的成果和困境,采用实证手段评价多边贸易便利化谈判被边缘化的原因,进而引出贸易便利化区域转向后的发展状况和立法范式,对比和分析"一带一路"国家贸易便利化程度的具体指数,从而构建起符合"一带一路"国家实际状况的贸易便利化制度,以推动中国与沿线各国的经贸合作。因此,本书的研究意义在于,一是通过分析现有多边区域等贸易便利化措施与规则,以及对应的"一带一路"贸易便利化的现实问题,为"一带一路"贸易便利化法律规则的建构提供可资借鉴的理论基础。二是立足于"一带一路"沿线国家贸易便利化的现有水平,充分考虑国家之间、区域之间在贸易便利化举措上的差异,形成适合"一带一路"贸易便利化的制度推进路径。三是阐明"一带一路"贸易便利化制度构建不走多边机制的原因,明确"一带一路"国家之间应该在现有合作的基础上,进一步提升贸易便利化的水平,为"一带一路"贸易便利化构建多元化的法律合作基础。

国内近几年对贸易便利化的研究主要是以《贸易便利化协定》为对象,注重研究协定对促进国际贸易便利化的意义和对中国口岸及海关制度的影响,或者根据"一带一路"贸易便利化的实证数据来分析对中国沿线贸易发展的影响,或研究海关在促进"一带一路"贸易便利化中应发挥的作用。研究"一带一路"贸易便利化问题,必然要建立在现有国际规则的基础上,以及"一带一路"贸易便利化的现实状况之上。"一带一路"并非一个特定的区域,它采用了古丝绸之路的文化符号,旨在推动和促进相关沿线国家之间的经贸合作，因此必须借助于现有的多边、区域和双边合作机制。“一带一路”沿线国家虽有繁荣的历史，但大多数国家现如今却深受地理区位、自然资源、民族文化、宗教矛盾、地区冲突等因素的裹挟，除少数东南亚、中东欧等国家经济较为发达，大部分国家仍属于发展中国家或最不发达国家。这就存在一个问题，即这些国家是否能够负担多边贸易便利化规则的实施成本。（刘冰，2019）①虽然《贸易便利化协定》在有关发展中成员特殊与差别待遇、能力建设与技术支持、争端解决等多项制度安排上有诸多独特之处，但发展中国家仍旧面临巨大的实施成本，当这种成本超出了发展中国家的承受能力，或相应的豁免、例外与援助不能够解决实质问题，或实施成本高出了贸易便利化带来的利益时，《贸易便利化协定》必然无法在发展中国家顺利推行，从而降低或者减损了《贸易便利化协定》所能达到的预期效果。因此，《贸易便利化协定》对发展中国家的优惠安排是否能够真正促进贸易的增长是有待检验的。（漆彤，2014）②由于 WTO 规则本身的不完善，加之国际形势和国际关系的变化，国家利益仍是国际关系的永恒主题，而 WTO 贸易便利化规则不可避免地需要一部分国家牺牲利益来达成广泛的一致。在这种情况下，区域性的自由贸易协定成为缓解这一冲突的出路。现有区域性自由贸易协定规模的空前壮大对多边贸易法治形成了巨大的威胁和冲击，这是不可避免的现实，此外，还需要防范区域贸易协定导致的碎片化现象。（刘敬东，2015）③但不可否认，《贸易便利化协定》就世界各国海关措施的简化问题形成了基本的标杆，对中国口岸和海关制度的改革具有重大意义，将会促进中国现代化海关制度的建成。（何力，2014）④货物通关便利化是贸易

① 参见刘冰、王瀚：《“一带一路”国际贸易便利化法律机制的现状、评价与发展路径》，载《宁夏社会科学》2019 年第 1 期。

② 参见漆彤：《多哈回合之〈贸易便利化协定〉探析》，载《国际经济法学刊》2014 年第 21 卷第 4 期。

③ 参见刘敬东：《多边体制 VS 区域性体制：国际贸易法治的困境与出路——写在 WTO 成立 20 周年之际》，载《国际法研究》2015 年第 5 期。

④ 参见何力：《多哈回合早期收获与〈贸易便利化协定〉》，载《上海对外经贸大学学报》2014 年第 21 卷第 2 期。

便利化的关键性议题，其不仅包括海关措施和手续的简化，还包括各国海关之间的合作，海关能力建设、通关基础设施要求等。国内有学者围绕"一带一路"倡议下海关国际合作和基本法律框架，分析了国际条约法和国际组织法，强调了中国在"一带一路"国际海关合作方面的法律法规和政策。指出"一带一路"海关国际合作是海关通关方面的全面合作，包括技术、统计、行政、司法、能力建设等，且必须建立在法律基础之上。(何力，2015)①事实上，贸易便利化的法律基础是多元的，因为贸易便利化规则的制定主体是多元的。因此，贸易便利化规则的制定主体呈现分散化的特征，区域性的国际组织和双边协定的便利化措施也成了不可忽视的一部分同时，贸易便利化规则与工具日趋专业，国际合作不断深化，贸易便利化的进程处于发展不均匀的状态，观点差异日趋明显。由于受多边或者双边自由贸易协定的约束，单边性的贸易便利化立法工作开始启动，如欧盟的"现代化海关法典"。(朱秋沅，2011)②就我国而言，有必要根据《贸易便利化协定》对海关法律法规进行调整，建立科学合理的评估体系，特别是需要借鉴单一窗口、海关担保等制度，提升自身贸易便利化水平，加强与海关间的国际合作，(曾文革，2016)③尤其是与"一带一路"沿线国家海关之间的国际合作。之所以要强调与海关的国际合作，是因为贸易便利化与海关高度关联，在《贸易便利化协定》中，海关措施占据了大幅篇章，各类贸易便利化测评体系也都指出海关在贸易便利化中起着关键性作用。(郭永泉，2017)④此外，自由贸易园区还是推动"一带一路"贸易便利化的重要依托，单边性的自由贸易园区是一国提升本国竞争力的手段之一，虽然其贸易便利化的制度构建完全基于一国自身的能力和政策，但是自由贸易园区往往能够代表一国贸易便利化的最高水平。从

---

① 参见何力主编：《"一带一路"战略与海关国际合作法律机制》，法律出版社2015年版，第4页。

② 参见朱秋沅：《国际贸易便利化发展进程新特征分析》，载《国际商务研究》2011年第2期。

③ 参见曾文革、江莉：《〈贸易便利化协定〉视域下我国海关贸易便利化制度的完善》，载《海关与经贸研究》2016年第1期。

④ 参见郭永泉：《中国海关促进贸易便利化的现状和对策》，载《海关与经贸研究》2017年第1期。

美国自由贸易园区的监管法律制度经验来看,自由贸易园区需要有一套完善的规则体系来支撑简政放权后货物流通的安全与效率。(周阳,2015)[①]即使与“一带一路”沿线国家暂时无法达成区域或双边层面上的便利化协定,也可以通过非政府间的协议,如自由贸易园区间的互惠协议,来推动贸易便利化的实施。

《贸易便利化协定》的最终条款无疑是发达国家与发展中国家长期博弈的妥协,对 WTO 及多边贸易体系都产生了深远的影响。(Nora Neufeld,2014)[②]与 GATT 的贸易便利化条款相比,《贸易便利化协定》更加关注两大阵营的利益平衡问题,在保证基本便利化条件不变的同时,为发展中国家提供了诸多优惠措施,并承诺在实施过程中给予其相应的援助和支持。(Antonia Eliason,2014)[③]C 类贸易便利化技术援助协议是自愿性的,对当事方并无强制拘束力,这对于发展中国家来讲并不能起到有效的援助保障作用。《贸易便利化协定》能够生效也说明了虽然国际贸易的多边决策体制处于僵化的状态,但其相关措施和方案仍具有一定的创新性和灵活性,(Alex Ansong,2018)[④]如三分之二的决策体系、实施期限的差异化、灵活的援助措施等,但是这种援助承诺是有待实践检验的。国际贸易体制的建立是基于自由化,在某些方面,国家可能需要通过控制政府的贸易措施来迎合一致性要求,虽然多边贸易体制并不是造成社会问题的主要原因,但由于其高度的一致性,必然会损害部分国家的现实利益,而这些社会问题需要依靠国内政策来解决,这无疑加大了这些国家实施多边贸易规则的成本。(Gregory Shaffer,2019)[⑤]基于多边贸易规则的

---

① 参见周阳:《美国对外贸易区法律问题研究》,法律出版社 2015 年版,第 220 ~ 225 页。

② See Nora Neufeld, *The Long and Winding Road: How WTO Members Finally Reached a Trade Facilitation Agreement*, World Trade Organization Staff Working Paper ERSD – 2014 – 06, April 7,2014,pp. 10 – 12.

③ See Antonia Eliason, The Trade Facilitation Agreement-Episode IV: A New Hope for the World Trade Organization, *World Trade Review*, vol. 14,2015,pp. 35 – 37.

④ See Alex Ansong, Unclogging WTO Decision-Making with the Provisions on Amendments in Article X of the WTO Agreement, *African Journal of International and Comparative Law*, Vol. 26, No. 2,2018,pp. 240 – 241.

⑤ See Gregory Shaffer, Retooling Trade Agreements for Social Inclusion, *University of Illinois Law Review*, Vol. 19, No. 1,2019,pp. 42 – 43.

此种弊端,在"一带一路"贸易便利化法律规则的建构上,需要特别关注各国在贸易便利化问题上的现实利益追求。影响贸易便利化的主要因素有通关成本(时间和费用)、标准、清关速度、安全等,多边贸易便利化协定很难在统一层面上达成一致,而区域贸易便利化相对来说实施的困难要小得多,因此其具有无可比拟的优势。(John S. ,2007)①因为规模经济在区域一级更能展示其强大的正外部性特征,如通关电子信息系统,所以促进贸易便利化的公共产品在区域贸易便利化中更容易协调,海关之间的监管合作也更加容易。(Jean-Christophe Maur,2008)②区域贸易协定的优势促使其在全球的数量不断增长,协定覆盖的贸易内容和便利化内容也逐渐增多,过大的覆盖面造成其陷入了与多边贸易协定相同的窘境。(Janos Martonyi,2016)③虽然贸易便利化的区域主义是发展"一带一路"贸易便利化的一个契机,但单纯的多边或区域贸易便利化都不可能完全满足"一带一路"贸易的现实需求。"一带一路"不需要达成一个覆盖全面且统一的贸易便利化协定,而是需要关注贸易便利化的关键议题,即海关通关手续。这也是《贸易便利化协定》引导全球贸易便利化改革的主要内容,即改革边境管理程序,以使进出口交易更加透明,更加可预测和有效。(Ashley Kincaid Lloyd,2017)④海关通关便利化对程序简化、手续简化提出了较高的要求,不仅需要海关能力的提升,还需要相应进出口设施的辅助,包括海关硬件基础设施和软件设施,如单一窗口、电子信息技术、电子单证等。国际贸易的行为是基于合作而非竞争,且不平等条件下的竞争是毫无公平可言的。(Mehedi Hasan,2016)⑤多边贸易便利化采用

---

① See John S. Wilson, Tsunehiro Otsuki, *Regional Integration in South Asia: What Role for Trade Facilitation*, The World Bank Development Research Group Trade Team, December 2007, pp. 6 – 8.

② See Jean-Christophe Maur, *Regionalism and Trade Facilitation: A Primer*, The World Bank Development Research Group Trade Team, January 2008, pp. 32 – 34.

③ See Janos Martonyi, Multilateralism and Regionalism in International Trade Law, *ELTE Law Journal*, Vol. 2016, No. 2, 2016, pp. 135 – 142.

④ See Ashley Kincaid Lloyd, The Trade Facilitation Agreement: Building Faith in International Trade in an Uncertain Time, *Denver Journal of International Law and Policy*, Vol. 45, 2017, p. 416.

⑤ See Mehedi Hasan, Special and Differential Treatment in the WTO: Its Content and Competence for Facilitation of Development, Nnamdi Azikiwe University Journal of International Law and Jurisprudence, Vol. 7, 2016, p. 531.

了特殊与差别待遇等优惠措施,而在"一带一路"贸易便利化的机制建构中,由于已经认识到无法达成比《贸易便利化协定》级别更高的多边规则,且各国之间存在巨大差异,采用形式多元的覆盖区域、双边和单边的推进机制更符合现实情况,且能照顾到各国之间的差异。在具体的便利化措施上,需要借助现有的区域合作平台,进一步推动区域层面的贸易自由化,推动"一带一路"跨境贸易的自由化。不仅需要降低和消除关税壁垒,还需要构建有效的、透明的、一致的和可预测的通关便利化机制,来降低货物在边境停留的时间,降低通关的程序成本和时间成本。(Divesh Kaul,2017)①总之,国外的研究文献对多边贸易便利化在发展中国家的实施也略显担忧,认为海关通关程序和措施的简化是贸易便利化的重点内容,而这也正是本文研究"一带一路"贸易便利化的题中应有之义。

综合国内外关于贸易便利化的研究现状,本文对"一带一路"贸易便利化涉及的法律问题形成了比较系统的认识。海关程序和手续的简化是贯穿于整个贸易便利化制度的建构之中的,无论是区域的、双边的贸易便利化协定,还是单边的自由贸易园区都需要简化海关程序,实行边境联合执法。具体到"一带一路"贸易便利化制度的构建问题上,则需要通过区域性贸易合作平台、双边性自由贸易协定和单边自由贸易园区来分层次、多角度地与沿线国家开展贸易便利化制度的构建工作。

贸易便利化的关键是海关合作,这也是本书研究之重点。虽然从理论上来讲,贸易便利化不仅限于海关合作,但是基于各国经济差距巨大,便利化能力差异明显的现状,形成更为广泛的多边贸易便利化体制既不现实,也不可能。在可行的贸易便利化措施中,大家已经形成共识的基准是《贸易便利化协定》,而《贸易便利化协定》虽包含但不限于海关的便利措施,但仍以海关合作为基础。因此,作为普遍共识的《贸易便利化协定》一方面是多边共识;另一方面也为区域贸易便利化协定提供了制度基础和范围合作起点。就"一带一路"而言,不可能达成比 WTO 贸易便利

---

① Divesh Kaul, Eliminating Trade Barriers through Preferential Trade Agreements: Perspectives from South Asia, Tulane Journal of International and Comparative Law, Vol. 25, 2017, pp. 401-402.

化协定更为广泛、深入和细致的协定。因此，应当以该框架为主体，结合“一带一路”各国的现实差异，构建“一带一路”贸易便利化机制。该种贸易便利化机制并不一定要达到WTO《贸易便利化协定》的水准，因为“一带一路”沿线存在大量的非WTO成员方。也就是说，“一带一路”贸易便利化是现实的、务实的、低起点的，而且必须与多边贸易便利化规则相结合进行机制探索，即它们在框架上、思路上、目标上应该保持一致。因此，本文中的贸易便利化仍然是以海关事务为中心，并适当涉及国际法的其他方面。

第二章　贸易便利化国际立法的区域主义转向

第一节　多边贸易便利化体制的历史演进

贸易便利化问题在 GATT 成立后不久便受到了广泛的国际关注,多边贸易体制对便利化的成文表述最早见于 1947GATT 第 5 条(过境自由)、第 8 条(规费和进出口手续)和第 10 条(贸易条例的公布与实施)。这三条规定奠定了贸易便利化多边谈判的基础。1993 年,WTO 成员方在乌拉圭回合结束之时,已经着手筹备下一回合的谈判议题,“贸易便利化”即是最为瞩目的议题之一。贸易便利化问题在当时备受关注的原因是经济全球化加速了国家间的经贸往来,大量货物涌向一国关境,海关的清关能力受到了极大的冲击,囿于繁琐的海关程序和较差的基础设施条件,海关行政效率整体下降,直接造成了货物放行时间延迟和交易成本增加等各国亟待解决的问题。

一、“贸易便利化”在多边谈判中的第一阶段——遇挫

(一)新加坡部长会议

1996 年新加坡部长会议首次将贸易便利化议题正式纳入多边谈判。《新加坡部长宣言》的第 21 段规定了贸易委员会的职责,即对贸易便利化取得的成就进行量化分析,并参考其他国际组织在贸易便利化推进工作中的贡献,从而对 WTO 简化贸易程序的制度规定进行评价。[①]《新加坡部长宣言》第 21 段的规定意在支持新多边贸易谈判者与反对者之间的让步妥协,因为在乌拉圭回合结束后不到两年,当时正值成员方落实谈判成果之际,许多发展中国家和最不发达国家认为其尚未准备好进入新一轮多边贸易谈判工作。考虑到发展中国家和最不发达国家对履行承诺的担忧,新加坡会议从两个方面对该问题进行了强调。第一点是对工作组的要求,即要求工作组谨慎关注(careful attention)并最大程度减轻这些国家的义务负担,特别是那些资源有限的国家。第二点是达成相关的发展支持计划。因此,《新加坡部长宣言》第 22 段要求世贸组织秘书处负责为发展中国家和最不发达国家提供一项“技术性合作项目”,以方便这些国家融入贸易便利化谈判工作。[②]

当时贸易便利化谈判的支持者主要是发达国家和一些发展中国家,[③]大部分发展中国家对多边贸易便利化谈判持观望或者反对的态度。在谈判中,发展中国家更愿意采取一种渐进的、非约束性的方式,即希望谈判中的贸易便利化措施建议(recommendations)是非强制性的规则(mandatory disciplines)。虽然各成员方一致同意成立工作组来指导各议题的谈判活动,但贸易便利化是新加坡四个议题中唯一没有成立工作组而是仅仅在理事会议程中增加了“货物贸易”内容的议题,而“贸易与竞争”、“贸

---

① 实质是利用其他有关国际组织的工作,来探索和分析贸易程序的简化议题,以评估 WTO 规则在这一领域的适用范围。See Singapore Ministerial Declaration, WT/MIN(96)/DEC, paragraph 21.

② See Singapore Ministerial Declaration, WT/MIN(96)/DEC, paragraph 22.

③ 主要包括:智利、哥伦比亚、哥斯达黎加、大韩民国、巴拉圭和新加坡。

易与投资”及“政府采购透明度”这三个议题都进入了正常的谈判程序。

新加坡峰会后，贸易便利化谈判工作正式启动。第一次讨论工作的主要目的在于恰当地界定贸易便利化的范围。考虑到其他国际组织之前的努力，成员方试图为 WTO 在贸易便利化领域的贡献寻找一席之地。在谈判规则缺失的情况下，WTO 已有的争议解决机制显然具有不可替代的作用。世界海关组织、世界银行以及联合国等政府间组织均认为 WTO 规则对贸易便利化谈判工作具有重大的价值，各成员方也感到需要明确界定 WTO 框架下的贸易便利化范围。为此，谈判代表提出的第一条建议是，不要排除任何与贸易便利化相关的潜在因素。由于在观念上允许为推进贸易便利化采取广泛的行动，早期的贸易便利化措施包括广泛运用网络技术、货物跨境的流动性支付、保险等其他金融方面的需求等。[①] 与此同时，一些国家则提议为贸易便利化建立一套 WTO 争端解决规则，这项建议直接造成贸易便利化谈判计划被压缩。随后，成员方逐渐提出缩小既定的贸易便利化谈判范围的要求，呼吁以 GATT 下的贸易便利化议题进行代替（这主要是指 GATT 第 8 条和第 10 条的内容，即规费和输出入手续以及贸易条例的公布和实施）。

（二）1999 年西雅图部长会议

1999 年西雅图部长级会议前期，一些成员方试图全面展开贸易便利化的谈判工作。这一提议主要是由贸易便利化支持者组成的新联盟提出的，他们自称为“科罗拉多小组”（Colorado Group）[②]，这个联盟囊括了所有发达国家和部分发展中国家。与此同时，另一个较大的联盟则继续支持新加坡会议上提出的仅分析 GATT 条款的建议。显而易见，部长提案就自然而然地分成了截然不同的两大阵营，即实现对贸易便利化的全面谈判和继续对 GATT 进行单纯的研究工作。就谈判范围而言，西雅图会议在筹备阶段也将重点放在了 GATT 第 5、8、10 条上，[③]这在很大程度上

① See WTO documents G/C/W/132，G/C/W/133 and G/C/W/153.

② 这个小组的名字来自美国贸易代表办公室在日内瓦办事处召开的首次会议，当时的会议室是按照科罗拉多的文化特色布置的，因此以“科罗拉多小组”自称。

③ 1999 年 11 月 17 日，总理事会主席首次在部长级草案中提及“贸易便利化”这一议题。

归功于以巴拉圭为代表的内陆发展中国家的成功游说,GATT 这三条规定的最初目的是减轻贸易中的行政和程序负担,特别是减轻那些中小型公司的贸易负担,这就意味着必须加快货物放行速度、简化过境手续、提高规则的透明度。因此,两方在是否进一步推进贸易便利化谈判的问题上产生了不可调和的矛盾。科罗拉多小组认为需要建立贸易便利化规则,其他代表团则认为是否需要形成新规则存在疑问,认为海关改革和贸易管理的改善与否并不取决于其是否承担了新的 WTO 承诺,而是其是否需要继续进行探索性的分析工作。此外,他们还呼吁加强国家间的技术合作,协助发展中国家和最不发达国家进行技术改革。①

随着西雅图会议戏剧性的流产,贸易便利化谈判的支持者决定采取其他方式推进谈判工作,即把工作的重点放在宣传贸易便利化改革所能带来的利益上,并强调支持贸易便利化实施的重要性。

二、"贸易便利化"在多边谈判中的第二阶段——推进

(一)2001 年多哈部长会议

直到 2001 年多哈部长会议开始筹备时,贸易便利化的相关谈判工作才再次启动。科罗拉多小组成员不断加强和推进多边贸易谈判的游说和宣传工作,反对多边贸易便利化谈判的其他 WTO 成员则联合起来阻止相关协调工作,或者至少在某种程度上拖延谈判的进程,其中,一个被称作"核心小组"(Core Group)②的发展中国家联盟尤其活跃,而且这个联盟的最初目的并非仅仅是限制贸易便利化,而是代表广大发展中国家要求启动新规则的制定工作。

多哈部长级会议的最终结果虽然没能使贸易便利化进入实际的谈判程序,但已经接近谈判阶段。由于货物通关术语存在模糊、不协调的问题,WTO 成员方认识到有必要进一步加快货物流动、放行和清关速度,包

---

① 详见货物贸易理事会相关讨论的摘要(WTO document C/G/W/153)。

② 核心小组的成员方并不固定,但正式的成员方主要包括:孟加拉国、博茨瓦纳、古巴、埃及、印度、印度尼西亚、牙买加、肯尼亚、马来西亚、毛里求斯、纳米比亚、尼泊尔、尼日利亚、菲律宾、卢旺达、坦桑尼亚、特立尼达和多巴哥、乌干达、委内瑞拉、赞比亚和津巴布韦。

括运输中的货物,[①]并同意在五次部长级会议后进行正式谈判。但是,成员之间的此项协议是附条件的,要求“在决定的基础上,通过明确的共识,在会议的谈判方式下……”这种模糊的表述,暗示成员方之间在贸易便利化议题上仍存在分歧,反对发起贸易便利化谈判的呼声并没有消失,这一点在日后的会议中有强烈的体现。

当多哈发展议程(the WTO Doha Development Agenda)通过时,《多哈部长宣言》指出,货物贸易理事会应当审查并适当澄清和改善《关贸总协定1994》第5条(过境自由)、第8条(规费和进出口手续)和第10条(贸易条例的公布和实施)的相关问题,并明确了成员贸易便利化的需求和某些特权,特别是发展中国家和最不发达国家。虽然宣言的内容不能构成对谈判的授权,但它明确了今后所有谈判的范围。随后,WTO的成员方从他们对边境措施的影响这一视角审查了关贸总协定的这三个条款。

那些寄希望于就谈判方式迅速达成协议的成员方很快意识到了这一进程变得更加费力费时。各成员在贸易便利化的关键议题上仍存在分歧,包括是否应该开始谈判等根本性问题。对于这一问题,当时的总干事素帕猜·帕尼帕迪[②]和理事会主席联合发出的文件中提出了两个完全相反选项:第一个提议是启动谈判,[③]并制定相关谈判措施;[④]第二个提议是根据目前的形势,尚未形成贸易便利化谈判的基础,可授权理事会对货物贸易的相关问题作进一步澄清。

(二)坎昆峰会的失败

坎昆会议终于在一个月后顺利召开,当时能否就“贸易便利化”问题达成共识的结果并不明确,虽然部长草案中提出的谈判方式基本上是重申了日内瓦早期的草案条款,但是会议在第二天就分崩瓦解,主要原因是成员方在新加坡议题上无法达成共识,将四个议题打包成“一揽子”协议

---

① 成员方也认识到需要加强对这些方面的技术支持和能力建设援助(See paragraph 27 of the Doha Ministerial Declaration)。

② 素帕猜·帕尼帕迪在2002~2005年担任WTO总干事。

③ See § 16 of JOB(03)/150/Rev. 1.

④ See annex G of JOB(03)/150/Rev. 1.

明显妨碍了贸易便利化的进展。其实,虽然大家都认为贸易便利化文件的数量是最少的,但是几个成员方自多哈会议以来坚持将贸易便利化纳入“一揽子”协议之中,[①]将潜在的优势作为一种可计算的变量,甚至是作为预期的议价筹码。事实上,多哈回合自发起时就是一个“一揽子”承诺,即所有议题必须全部达成一致。但这并非易事,因为一些国家不愿意看到单个的议题取得进展,比如贸易便利化,他们希望所有的议题能够被共同推进。当然,仅仅谴责新加坡“一揽子”协议并不能解释坎昆会议失败的原因。显然,有关贸易便利化谈判的诸多议题仍处于争议阶段,一些代表团对启动新一回合的谈判仍持保留意见;一些认为贸易便利化实施的资源有限,无法保障谈判成果的落实;一些认为贸易便利化这个新的议题会增加争端解决风险;还有个别代表团对发达国家与发展中国家能够实现“双赢”持观望态度,担心本国将无法从中获益或者获得的利益与付出不成比例。[②]

坎昆会议的失败似乎瓦解了启动新一轮贸易便利化谈判的可能性,因为当时没有任何明确的关于推进整个谈判的工作安排,贸易便利化的多边机制并不被看好。由于多哈条款被解释为仅适用于随后的部长级会议,而当时的贸易便利化既不是部长级会议的特别事项,也没有专门的论坛来解释和澄清这些议题,达成一项新的 WTO 协定变得遥遥无期。

(三)各方提议交锋

继坎昆会议失败之后,很快出现了转机,原因是成员方不想完全放弃有关贸易便利化的谈判。虽然有关议题的水平被降低,但是谈判仍可以继续开展,但与部长会议不同的是,进行了一些技术性的调整,相关工作由总理事会主持开展,世贸组织副总干事鲁弗斯耶克萨(Rufus Yerxa)负责对相关工作进行监督,在他的指导下,相关工作很快恢复并平稳推进,到第二年的时候,已经准备再次发起便利化谈判。成员方在此问题上的

---

① 在多哈部长宣言中可以清楚看到,对于四个议题的语言表述是一致的。在某些方面,还形成了特有的术语表达,这些术语既不是从其他文件中借鉴来的,也不属于贸易便利化的语境,也就是说,在这之前没有人将这些表述用于贸易便利的讨论。

② See Nora Neufeld, *The Long and Winding Road: How WTO Members Finally Reached a Trade Facilitation Agreement*, Staff Working Paper ERSD – 2014 – 06, April 7, 2014, p. 6.

争议仍在继续,但并非所有成员方都认为需要有约束力的规则,一些成员方并不希望适用争端解决程序。此外,为了让发展中国家和最不发达国家承担贸易便利化的义务,对其进行援助的问题依旧处于争议之中。除了这些特定的争议,更大的挑战是,成员方希望继续将贸易便利化和其他议题看作多哈回合的一部分。

为了避免出现坎昆峰会的失败,代表一致决定采用不同的谈判策略,成员方不再寄希望于达成另一个部长宣言,而是试图在更低层次的总理事会上达成一致。正如当时的总干事所讲:“……我们的任务不是像在坎昆会议上一样准备达成一项部长宣言,而是要在现阶段、在总理事会层面采取一切必要的行动,以确保谈判和整个工作计划的持续进展。”①2004年7月中旬,WTO总理事会发布了多哈工作计划草案,其中就包含了有关贸易便利化谈判模式的提议。虽然文本中的用语表达没有被广泛认可,但是文本草案已然成为未来达成共识的基础,而且最终文本的大部分条款都可以从这份草案中找到踪迹,包括“特殊与差别待遇”这样的突破性表达。大家一致认为,发展中国家和最不发达国家的执行能力是谈判中需要考虑的重要因素,比如,履行承诺的进度和时间要求应该考虑发展中国家和最不发达国家的实施能力。② 这明显较之前的坎昆草案有所进步。

此外,提案遭到了“核心小组”③的反对,④他们致力于将重心从谈判转移到贸易灵活性和对发展中国和最不发达国家提供支持的方案上,也就意味着这些国家可以从长远的豁免中受益。特殊和差别待遇的适用范围显著扩大,最不发达国家从谈判中获得了广泛的承诺。一般认为,最不发达国家只需要承诺达到与其个人发展、金融和贸易需求或其行政和机构能力一致的程度即可。⑤

---

① JOB(04)/96,page 1.

② See JOB(04)/96,Annex D.

③ 在菲律宾的带领下,核心小组积极参与了贸易便利化的议题的讨论。

④ 同时,提案得到了一些非核心小组的成员的支持,包括印度、印度尼西亚、牙买加、马来西亚、尼日利亚(代表非洲集团)、菲律宾、坦桑尼亚(代表最不发达国家)、特立尼达和多巴哥。

⑤ 参见《马拉喀什协定》第11条第2款。

提案呼吁将资金援助和技术援助、能力建设(包括支持基础设施发展)等作为发展中国家和最不发达国家履行谈判结果的先决条件。该援助是指来自发达国家的援助,包括充足的资金和技术支持,以及对能力建设和基础设施发展的支持,旨在确保在谈判之前和谈判过程中,相关成果能够得以顺利实施。

意外的是,核心小组的提案并没有质疑谈判的目标,甚至试图去扩大谈判的范围。在印度的倡议下,草案要求"……谈判应为成员海关部门之间在某些涉及合理怀疑违反进出口法律法规方面提供有效的合作机制"。这构成了海关合作部分的最初条款。此次谈判最终的焦点是在核心小组的语言表述和科罗拉多小组的替代性建议之间达成妥协。这一问题最终在 2004 年 7 月底出现了转机,经过几番艰难的谈判,成员们达成了一项谈判任务,且该任务作为"7 月一揽子协议"的一部分在总理事会上得到了通过。

根据自 1996 年开始的探索和审查成果,成员方最终同意将贸易便利化加入多哈发展的谈判议程。并在"7 月一揽子"协定的第 27 段中达成如下承诺:"认识到进一步加快货物(包括运输中的货物)发放和清关以及需要加强对该地区技术援助和能力建设的情况,我们同意在部长级会议第五届会议之后进行谈判,将根据在该届会议上协商一致决定采取何种谈判方式。在第五届会议之前,货物贸易理事会应审查并酌情澄清和改进 1994 年关贸总协定第 5、8、10 条的有关方面,并确定成员的贸易便利化需要和优先事项,特别是发展中国家和最不发达国家。我们承诺确保为这一领域的能力建设提供适当的技术援助和支持。"

这些谈判的要求载于 2004 年多哈工作计划附件 D(贸易便利化谈判模式)中:(1)谈判应旨在澄清和改进 GATT 1994 第 5、8、10 款,着眼于进一步加快货物的流动、放行和报关速度,包括在途货物。(2)技术援助和能力建设。谈判的目的还在于加强技术援助和能力建设支持,并促进海关和其他贸易便利化当局之间的合作。应当充分考虑到发展中国家和最不发达国家特殊和差别待遇的原则。(3)基础设施。发展中国家和最不发达国家没有义务在他们能力之外进行基础设施项目的投资。

三、“贸易便利化”在多边谈判中的第三阶段——成果

仔细观察上述已经达成一致的承诺，不难发现其已然融合了既定的议题和新的想法。在某些方面，原有的一些概念被重新开拓并以新的方式出现。采用大家共同认可的语言，范围和目标被概括为：“澄清和改善GATT 1994 第5、8、10条的相关方面，以便进一步加快货物的流动、放行和清关速度。”此外，谈判还旨在为海关之间或任何适当当局之间在贸易便利化和海关承诺等问题上的有效合作提供明确的规定。这反映出支持发展中国家和最不发达国家以及加强技术援助和能力构建的重要性，也关涉贸易便利化对话机制下的平等地位问题。

综观马拉喀什协定中对贸易便利化的表述，最大篇幅的当属协定第5~9部分，这部分内容专门规定了技术援助和能力支持，反映了成员方开始为一些原先的议题寻找新的出路。虽然核心小组呼吁将提供援助作为实施协定成果先决条件的问题还没有得到解决，但“7月一揽子文件”中已经引入了一项条件，将援助条款和实施义务联系在了一起。此外，所需援助的范围也受到了限制，因为所有涉及财政的援助都被取消，提供援助义务的承诺也被施以限制。因此，只有在那些因实施谈判结果而需要提供基础设施的情况下才会得到相应的承诺。该条件满足了许多发展中国家的一项关键需求，同时也强调了这种援助的特殊性，即只适用于“有限情况”。甚至当此种情况出现时，这种义务也仅仅是尽一切努力去确保提供援助和支持。此外，这还直接关系承诺的性质和范围，以便获得实施许可。这表明发达国家作出的援助承诺并非单方的，作为交换条件，发展中国家和最不发达国家必须确保对此类基础设施的援助工作可以顺利实施，否则就会判定发展中国家和最不发达国家缺乏必要的能力，也就不需要进一步实施工作。

这些议题的达成是贸易便利化的一个巨大跳跃，多哈回合之后的三年多时间，成立了谈判小组、指定主席、制订了工作计划。贸易便利化谈判史的很多方面值得进一步反思，包括如何在谈判的过程中敢于

打破传统的思维模式，并不断尝试和开创属于多边贸易便利化的谈判模式。显然，成员方在整个谈判的一开始就应该明白，该谈判是一个完整的、崭新的、整体性的承诺，而不是对原来过渡期某些规则的简单延续，如特殊和差别待遇。在之后的一年多时间里，贸易便利化部分的谈判一直没有取得实质性的进展。WTO 秘书处根据成员们提交的提案编写了一份定期更新的文件，该文件也成了谈判小组工作的基础和关键参考，①虽然建议逐渐完善，但是文件仅仅列出了支持者的观点，而没有考虑其他不同意见。经过四年的讨论，成员们才准备发布贸易便利化的展望草案。

2009 年 12 月，“合并谈判文本”的首个版本发布。文本中列出了各方意见，在文本的审阅过程中，与会代表也表示希望所有的意见都能被充分反映，经过各方的交锋与平行谈判，2013 年 3 月形势逐渐明朗，贸易便利化议题被细化为透明度、海关合作、与 GATT 第 8 条相关的事务、过境运输、进出口手续、特殊与差别待遇。为此，贸易便利化谈判小组（Negotiating Group on Trade Facilitatio，NGTF）的主席任命了四名大使朋友，②分别负责上述一项或几项议题的具体谈判工作。2013 年 9 月，WTO 新总干事上任之后，亲自主持了一系列的谈判并巧妙化解了诸多争议。其中，争议最大的特殊和差别待遇、海关合作也在“巴厘岛一揽子协议”（Bali package）③中达成一致。④

2013 年 12 月，在印尼巴厘岛举行的 WTO 第九届部长级会议上，FTA 获得通过，并于 2017 年 2 月 22 日正式生效，这似乎让人们看到了多边贸易安排的一线曙光。FTA 为多边贸易便利化提供了基本的权利义务框架，如果发展中国家在贸易便利化建设中所需的资金和技术缺口能

① See the TN/TF/W/43 series.

② 透明度与海关合作由智利大使马里奥马图斯负责；来自瑞士的 Remigi Winzap 大使负责与 GATT 第 8 条相关的事务和过境运输；尼日利亚大使 Fred Agah 负责进出口手续；中国香港常驻代表 Michael Stone 负责特殊与差别待遇议题。

③ “巴厘一揽子协议”中还包括农业的其他组件包括农业问题、棉花问题和发展中与最不发达国家议题。

④ See JOB/TNC/35 of 25 November 2013.

够在多边贸易便利安排下得到解决,全球贸易通关的程序和手续将会得到巨大的简化,该协定也是自20年前乌拉圭回合达成的结论以来,WTO成员方已达成的首次重大协定。回顾GATT和WTO的历次会议,有关贸易便利化的谈判贯穿始终。先前的会议强调要在多个方面简化贸易程序,甚至可以说,WTO的基本目的就是促进贸易便利化。就FTA本身而言,在WTO 18年的漫长谈判中,它是首个谈判成功的多边贸易协定,这标志着WTO谈判出现了决定性的转折。除达成TFA协定本身之外,WTO一直在致力于推动多哈回合的长期谈判,TFA以去中心化(decentralized)和自下而上的方式(bottom-up way)打破了既定的谈判方式,TFA明确强调了发展中国家的贸易便利化能力和资源,以及TFA协定如何转换了促进贸易便利化的焦点,即由政策壁垒(policy barriers)转向了程序摩擦(process frictions)。TFA的许多创新都超出了谈判一开始的设想,而且在某些方面“违背”了WTO的既有交易规则。从这一点来讲,TFA的许多成果是始料未及的,它的成功不仅有助于促进贸易便利化,而且对WTO和多边贸易体系都产生了深远的影响。《贸易便利化协定》作为多边谈判的妥协性产物,其贸易便利化的标准设定当然还无法企及某些区域的贸易便利化水平。

第二节 《贸易便利化协定》述评

一、《贸易便利化协定》的结构

TFA分为两部分。第一部分是“一般条款”;第二部分是“特殊与差别待遇原则”的细化,包含的义务是附条件的。因此,TFA中的义务包括三类:(1)协议生效后即告强制的义务;(2)待达成进一步的条件或承诺即告强制的义务;(3)鼓励性或具有软法性的义务。

(一)基本条款解读

协定前5条主要涉及的是贸易条例的出版和管理,包括:第1条(信息的公布与可获取性);第2条(评论机会、生效前信息及磋商);第

3 条(预裁定);第 4 条(上诉或审查程序);第 5 条(增强公正性、非歧视性及透明度的其他措施)。这 5 条主要是对《关贸总协定》第 10 条的进一步延伸。此外,第 5 条是指在其境内保护人类、动物或植物的生命或健康的通知和指导,以及卫生和植物检疫条件,这些都与《实施卫生与植物卫生措施协定》(SPS)下的措施有直接的关联。① 第 6 ~ 10 条澄清了《关贸总协定》第 8 条的规定,包括:第 6 条(关于对进出口征收或与进出口和处罚相关的规费和费用的纪律);第 7 条(货物放行与结关);第 8 条(边境机构合作);第 9 条(受海关监管的进口货物的移动);第 10 条(与进口、出口和过境相关的手续)。这 5 条解决了与进出口有关的费用和手续等事宜。第 11 条(过境自由)对《关贸总协定》第 5 条的规定作出了澄清。

TFA 第 1 部分第 12 条就协定本身的实施给出了指导意见,第 12 条的海关合作包括促进守法和合作的措施、信息交换、核实、请求、保护和机密性、信息的提供、对请求的迟复或拒绝、对等请求、行政负担、限制、未经授权的使用或披露和双边及区域协定等内容。第 13 条用于处理 TFA 制度方面的问题,设立了关于贸易便利化的委员会,并要求每个成员建立或维持各自的贸易便利化委员会,以便促进 TFA 的实施。②

从起草到形成终稿,TFA 最终在很多地方都选择了比起草时的语气更强烈的措辞,如用"should"替换了"may",或对成员方采用了与 WTO 相对应的义务条件,而非建议性的规定。如 TFA 第 1. 1 条和第 1. 2 条规定了信息公布和获取的规则与途径。TFA 第 1. 1. 2. 1 条规定:"每一成员应通过互联网提供并尽可能……"第 3. 7 条规定:"应申请人书面请求,每一成员应提供对预裁定或对撤销、修改或废止预裁定的复审。"之前的草案中将"shall"和"may"都作为上述条款中的措辞,③TFA 草案终稿第 5. 1 条的表述比之前版本的措辞更加强烈,如草案第 5. 1(a)条规定:"鉴于采

① See TFA, Section I, Article 5:1,5:1(b). "该成员可发布通知或指南,从而使通知或指南仅统一适用于据以作出通知或指南的卫生和植物卫生条件适用的入境地点。"

② See TFA, Section I, Article 13. 1 and 13. 2.

③ See Draft TFA v. 17, Section I, Article 3:5.

用通知制度以增强对食品、饮品和饲料的边境管理水平……仅在此种食品没有符合要求的检疫标准时，成员方方可(may)发出通知……”[①]最终稿采用了更为严格的SPS保护措施，即TFA第5.1(a)条中规定的成员方可酌情根据风险评估发布通知或指南的措施。这意味着TFA放宽了成员方发布通知的权利，即为WTO成员在评价风险构成方面留下了更广泛的空间。

(二)主要目标

TFA的主要目标之一是完善信息共享制度和简化贸易技术程序。如前所述，目前贸易便利化措施主要解决的问题是WTO成员方之间的信息冗余和技术差异等贸易壁垒，因此TFA文本的大多数条款与技术和信息共享直接相关。在技术方面，TFA第1.2条规定了各成员方通过互联网提供信息，包括进口和过境程序的描述及表格、单证等；第7.1条规定了货物抵达前的业务办理程序，要求成员“酌情”以电子格式提交单证，以便货物抵达前处理工作的进行；第7.2条更是要求成员在可行的范围内，将海关的进出口关税、国内税、规费等进行电子化。之所以大幅度采用电子媒介是因为部分谈判者认识到了在线提交信息是提高通关效率的有效手段。

关于信息的分享途径，TFA第1条即规定了信息的公布与可获取性，要求成员以非歧视和易于获取的方式公布信息，目的在于让政府、贸易商和其他利益相关方能够知晓、熟悉相关信息。TFA第7.7条是对经认证的经营者相关贸易便利化措施的规定，要求给予符合某些特定要求的经认证的经营者额外的便利措施，并要求给予的便利措施不能少于第7.7.3条7项规定中的3项，如酌情降低单证和数据要求等，[②]特别是在某一特定时间内可以对所有进出口实行一次报关，[③]这将有助于为经认证的贸易商提供额外的便利化支持。TFA第8条要求成员方边境机构为实施贸易便利化措施应相互配合、协调工作。TFA第10条则要求贸易便

① See Draft TFA v.17, Section I, Article 5:1(a).

② 参见《贸易便利化协定》第7.7.3(a)条。

③ 参见《贸易便利化协定》第7.7.3(f)条。

利化委员会根据成员方的具体情况制定信息分享和实施的最佳程序，同时要求成员方在信息技术的支撑下，努力建设文件和数据处理的单一窗口。[①] 这些规定都致力于简化边界措施，加强成员方之间的信息共享和技术合作，这一点也正是TFA的核心目标。

需要特别指出的是，TFA的达成也表明WTO区域透明度得到显著的提升，如在TFA的谈判过程中，各草案即在WTO官网进行了公布，为兴趣方跟进谈判，了解各国关注的主要议题以及谈判中的障碍和协调。

TFA不是对GATT相关规定的宏观阐释，相反，TFA在不扩大GATT条文范围的前提下，对GATT第5、8、10条进行了实质性的细节化澄清。从TFA采用《哈瓦那宪章》的某些用语，到贸易便利化措施中的技术性细节规定如何以最佳的方式实现TFA的目标，TFA都提供了必要的指导，以便GATT第5、8、10条的适用能产生实际效果。TFA的额外义务大多是行政性的，而非国家监管改革的实质性义务。TFA是认同削减跨境贸易成本的结果，因此其制定了一系列规则标准来指导贸易便利化措施的实施。

二、《贸易便利化协定》的法理及规制

（一）GATT一般例外条款的适用

虽然在上述部分已经讨论了TFA部分条款的适用，但是上述状况是建立在实例的基础之上的，而TFA面对的是尚未发生的争端，因此必须采用假设的办法来检测其规则的适用方式。对TFA适用影响最大的可能是其例外规定，因为TFA最终条款第7项要求GATT 1994项下所有例外和免除都应适用于本协定。根据《马拉喀什建立世界贸易组织协定》第9.3款和第9.4款及截止本协定生效之日的任何修正所给予的适用于GATT 1994或其部分内容的豁免，都应适用于TFA的规定。[②]

---

① 参见《贸易便利化协定》第10.1.2、10.4条。

② 包括GATT 1994第5条第7款和第10条第1款对GATT 1994年第8条的补充注释。

TFA之前的草案只提到了GATT第20条和第21条，尽管这样也没有办法解决例外情况，但仍留有谈判的空间。TFA最终条款的第7项对整个协定的法理影响最大，因为它以兜底的方式纳入了GATT的所有例外，扩大了TFA的适用范围。由于TFA的强制性源自GATT第5、8、10条，所以其理所应当地具备了免除的特点。关于TFA将来解释的问题，即关于GATT第20条和第21条这两个主要例外的适用问题，需要根据对TFA的相关解释而定。

TFA不是WTO协定中唯一一个包含适用例外的协定，TRIMs第3条同样规定了GATT 1994项下所有例外均适用于TRIMs协定。TRIMs的例外规定没有TFA具体，TFA相比之下还包括豁免和例外情况，且明确将这些豁免规定为适用范围，并对例外和免除条款进行了具体的规定，而TRIMs中并未规定免除情形。而且，TRIMs本身的适用范围也较为有限，因为其仅对GATT第3条（国内税与国内规章的国民待遇）和第11条（数量限制的一般取消）进行了解释和澄清，因此TRIMs中规定GATT例外情况的主要功能仅在于澄清GATT的上述条款。

GATT第5条第7项规定了过境自由不适用于航空器，但适用于空运过境货物（包括行李在内）。第10条第1项规定了贸易条例公布和实施不要求缔约国公开那些会妨碍法令贯彻执行，会违反公共利益，或会损害某一公私企业正当商业利益的机密资料。TFA最终条款第6项进一步规定了任何条款不得解释为减损各成员在GATT 1994项下的义务，也不得解释为减损各成员在《技术性贸易壁垒协定》和《实施卫生与植物卫生措施协定》项下的权利和义务。虽然第6项并非例外条款，但值得注意的是，TBT协定和SPS协定中的某些措施可能会影响边界贸易活动，特别是与生物材料有关的进口贸易。第8条的注释不包含在草案的语境之中，也没有具体条款规定原产地证书（certificates of origin）。假定GATT第5、8、10条是TFA强制性的来源，TFA的最终条款也没有明确表示包括上述例外条款。鉴于GATT条款与相关多边协定之间的既有法理关系，专家组似乎能够自然而然地推出上述例外条款适用于TFA的结论，且在未来的争端解决中还必须考虑对GATT例外条款的相关法理解释，但不得根据 TFA 的特点进行自由解释，因此，后续相关解释可能对 GATT 例外条款造成一定的挑战。

GATT 第 20 条规定了关贸总协定义务下的一般例外情况，允许为维护公共道德，或为保障人民、动植物的生命或健康，或为有效保护可能用竭的天然资源（必须与国内限制生产与消费的措施相配合）等采取必要的措施。第 20 条还适用于其他例外情况，如确保法律得到遵守，包括与海关执法、垄断执法、专利保护、商标和版权以及预防诈骗等相关的法律。此外，第 20 条也是对与 GATT 抵触贸易规则的一种声明和确认辩护，因为 WTO 认为成员必须有能力对上述敏感领域进行规制。

第 20 条与世贸组织其他协定之间的关系取决于其他议定书文本的内容，以及是否明确纳入了第 20 条或其子项的规定。例如，SPS 协议本身就是从 GATT 第 20 条第 2 项演变出来的，且协议序言中就已声明了 GATT 第 20 条第 2 项的规定，因此第 20 条与 SPS 协议之间有紧密的关系。又如，TRIMs 协定，该协定明确包含 GATT 下所有例外情况的适用，包括第 20 条，但是第 20 条是否适用于其他协定仍有待进一步研究。

但一个关键的问题是，非 GATT 或 WTO 的协定属于特别法（*lex specialis*），不在 GATT 的范围之类，而且这些协定已经完成谈判并有特定的适用情形，因此，有学者认为第 20 条只能适用于那些明确提到该条的协定，如 SPS 协议。像 SCM（补贴与反补贴协定）和 TBT（技术贸易壁垒协定）这样没有明确被纳入第 20 条的规定就不应再得到适用。近几年的政府采购协定谈判中虽然没有明确提到第 20 条，但在协定第 23 条第 2 款中规定了与 GATT 第 20 条相似的例外情况。[①] 这在解释时就可能允

① 根据《政府采购协定》第 23(2) 条的规定，根据要求，这些措施的适用方式不是在相同条件占优势的国家之间构成任意或不合理歧视的手段，或是对国际贸易的变相限制，本协定中的任何规定均不得解释为阻止任何缔约方实施或采取措施：保护公共道德、秩序或安全、人类、动物或植物的生命或健康或知识产权所必需的措施；或与残疾人，慈善机构或监狱劳工的产品或服务有关。

许采用不同于 GATT 第 20 条的解释用语,因为该解释用语仅适用于政府采购协定。

一些学者则主张赋予 GATT 第 20 条更广泛的适用范围。GATT 第 20 条的内容是 TFA 所有例外规定中最重要的,TFA 对 GATT 例外条款的规定表明,在非 GATT 和非 WTO 协定中,只有明确提到例外条款时(不需要设置具体条款进行详细阐述例外条款),GATT 的例外条款才能得以适用,这是 GATT 例外条款能被扩展适用的公认原则。鉴于 GATT 第 20 条的一般例外规定可直接适用于 TFA,专家组或上诉机构在解释其适用范围时必须参考第 20 条在 GATT 下的适用规则。而且,相比于政府采购协议对第 20 条的解释,TFA 的解释会受到更多的限制,也就是说,自由解释的空间比在政府采购协议下解释要小得多。但在实践中,GATT 的一般例外规定究竟会被如何解释,还有待考察 WTO 成员方在适用一般例外条款时确立各自的指导原则。

(二)在案件中的适用问题

如上已经讨论了 TFA 的结构,但其众多条款的适用仍留有疑问,解决该问题的有效方式之一就是探究 TFA 生效后世界贸易的图景,在此有必要分析 2006 年欧共体特定海关事项的解决。在欧共体海关一案中,美国根据 GATT 第 10.3(a)条①和第 10.3(b)条②的规定对欧共体提出了诉讼,原因是欧共体海关没有统一的行政法律法规,也没有针对海关业务行政审查行为设立法庭。③

正如 GATT 第 10.1 条的规定,关于海关分类和检测货物的法律法规、司法判决和行政决定应迅速公布,以使成员方政府和私人团体能够尽

---

① 缔约各国应以统一、公正和合理的方式实施本条第一款所述的法令、条例、判决和决定。

② 为了能够特别对于有关海关事项的行政行为迅速进行检查和纠正,缔约各国应维持或尽快建立司法的、仲裁的或行政的法庭或程序。这种法庭或程序应独立于负责行政实施的机构之外,而它们的决定,除进口商于规定上诉期间向上级法院或法庭提出申诉以外,应由这些机构予以执行,并作为今后实施的准则;但是,如这些机构的中央主管机关有充分理由认为它们的决定与法律的既定原则有抵触或与事实不符,它可以采取步骤使这个问题经由另一程序加以检查。

③ See EC-Selected Customs Matters, Request for Consultations by the United States, WT/DS315/1, G/L/694, 27 September, 2004.

早熟悉。[①] 因此,第 10. 3 条要求 WTO 成员就此类法律法规提供统一的解释,并为海关行政审查工作设立司法的、仲裁的或行政的法庭或程序。

美国的诉由是欧共体海关行政法规体系和结构缺乏统一性,[②]特别是没有关于关税、海关估价、通关程序方面的统一制度。[③] 欧共体《海关法典》第 243 条第 1 款规定了海关争议解决的上诉机制,用以解决欧共体就相关决议提出的上诉案件。[④] 由于具体的上诉程序根据各成员方相关制度而定,因此上诉程序是各成员方国内法的一部分,而非欧盟监管框架的一部分。[⑤] 值得注意的是,一些成员方的行政审查制度是自愿性的或空白的,而一些成员的海关行政审查则是强制性的。[⑥]

如果将 TFA 适用于该案,则根据 TFA 第 4. 1. 1 条的规定,每一成员都应规定,海关作出的行政决定所针对的任何人,在该成员领土内有权向级别高于或独立于作出行政决定的官员或机构提出行政申诉或复查申请或由此类官员或机构进行行政申诉或复查,或对该决定进行司法上诉或审查。虽然 GATT 第 10. 3 条也规定了行政审查,但是对行政审查上诉主体的规定并不清楚。TFA 第 4 条对这一问题作出了澄清,即可就行政审查提出上诉的主体包括海关行政决定所针对的任何人。因此,美国显然可以根据 TFA 第 4. 1. 1 条的规定提出复查请求,[⑦]因为虽然欧盟成员方的行政审查程序无法全部得到满足,但是,美国的诉因根据仍是 GATT 第 10. 3(a)条规定的这个更宽泛的索赔规定,而非根据 TFA 的具体规定。

---

① See General Agreement on Tariffs and Trade, art. X para 1, Apr. 15, 1994, 1867 U. N. T. S. 187.

② See EC-Selected Customs Matters Panel, supra note 75 at para 7. 51.

③ See WorldTradeLaw. net Dispute Settlement Commentary, Panel Report, European Communities-Selected Customs Matters, 10.

④ See EC-Selected Customs Matters Panel, supra note 75 at paras 2. 69 – 70.

⑤ See EC-Selected Customs Matters Panel, supra note 75 at paras 2. 70.

⑥ See EC-Selected Customs Matters Panel, supra note 75 at para 2. 72.

⑦ 《贸易便利化协定》第 4. 1. 1 条规定:“每一成员应规定海关作出的行政决定4 所针对的任何人在该成员领土内有权:(a)向级别高于或独立于作出行政决定的官员或机构提出行政申诉或复查或由此类官员或机构进行行政申诉或复查;及/或(b)对该决定进行司法上诉或审查。”

TFA旨在澄清GATT第5、8、10条的规定，与GATT形成互补，以便解决GATT某些条款的解释问题。虽然专家组或上诉机构就“欧共体海关事项”一案不会得出不同的结论，但TFA的适用会使专家组的论证更加直观和具体，有助于加速解决争端。因此，寻求规则的统一性将为贸易带来莫大的便利。

三、《贸易便利化协定》的缺陷

根据WTO2013年调研报告的估测，《贸易便利化协定》可以每年减少3500亿~10,000亿美元的商业成本，增加世界贸易出口额达330亿~1000亿美元，并能使全球国民生产总值每年增长670亿美元（世界银行，经合组织，2011年）。赫夫鲍尔和肖特指出，作为贸易便利化协定实施的显著成果，双边贸易预计将增加9500亿美元即预示着国内生产总值将增加大约4400亿美元。对于发展中国家而言，双边贸易预计将增加10,000亿美元即预示着将增长5200亿美元的国内生产总值。总体而言，从深远的意义来看，贸易便利化协定中潜在的贸易扩张可以转化为每年9600亿美元的国内生产总值增长（赫夫鲍尔和肖特，2013）。从经济增长的角度来看，《贸易便利化协定》有着显著的积极作用，但不能否认这样一个多边贸易安排也存在的缺陷。

（一）未明确贸易便利化的定义

至今没有形成关于贸易便利化的标准定义，在实践中，国际组织对贸易便利化的定义显现出多样性的特点，经合组织（OECD）2005年给出的定义是：“简化和统一国际贸易程序，包括收集、提交、传播和处理货物在国际贸易中所需的数据和其他信息所涉及的活动、做法和手续。”但是WTO始终没有就贸易便利化的定义达成一致认识，从WTO成员方商定的贸易便利化谈判规则来看，关贸总协定1994第5、8、10条这三个条款构成了贸易便利化定义所需的基本要素，即国际贸易程序的简化和统一需要强大的信息通讯基础设施，来收集、处理、呈现、反馈国际贸易中货物流动所必需的数据。前美国贸易代表罗伯特·佐利克曾引述了这样一个观点，该观点认为贸易便利化措施是市场准入程序的一种延伸，目的在于实现更低的交易成本且提高过境的时效性。

贸易便利化定义的多样性源自各便利化措施的不同实施程度。从狭义的视角来看,贸易便利化的目的仅仅在于解决货物运输通过港口或国境海关检查站的烦冗手续。从广义的视角来看,贸易便利化对国际商务的影响包括一系列相关的因素,即港口改革和现代化、精简监管要求、统一标准和优化海关制度等。所有这些改革对象的共同点是扩大信息技术的使用范围以及降低贸易交易成本。例如,这可能涉及为进入港口的每个货物编制一套唯一的电子化信息的工作,以便货物在抵达时能够得到更快处理。现代海关的货物查询是基于风险评估技术,它可以帮助加快货物清关速度。(世界银行,2004a)。这种技术在服务行业和 B2B 电子商务中也得到了普遍使用,这使贸易领域迅速扩大,不但拓宽了市场,也同时显著减少了物流和交易费用。

为了体现改善边境运输或海关管理后的优势,对监管体制和机关机构实施改革至关重要,这些"边界内"的措施对贸易交易成本起着关键性作用。通过借鉴国际最佳实践模式,国内监管程序和机构设置可以有效提高边境审查程序的透明度和专业精神。此外,精简规定以消除技术壁垒,以及交通自由化和信息电子化也可以使贸易更加便利。在交通部门实行私有化和去管制同样可以提高效率。

安全也是现代商业贸易便利化的重要组成部分。恐怖主义对安全的威胁可能会破坏全球供应链,影响经济发展进程。"9・11"事件的发生提醒世界各国进一步加强边境、运输和海事系统安全。作为对"9・11"事件的回应,国际上已经启动了一些新的安全计划。2002 年 1 月,美国介绍了集装箱安全倡议。① 100 多个国家通过了国际海事组织(IMO)的国际船舶和港口安全守则(International Ship and Port Security Code, ISPS),该守则已于 2004 年 7 月 1 日生效。② 在短期内,加强边界的安全管理可能导致过境延误,广泛使用诸如容器条形码(bar codes for

---

① 该倡议的宗旨是预防恐怖分子在美国周边隐藏人质和大型杀伤性武器。

② ISPS 为政府、港口执法部分和船舶公司订立了与安全有关的监管事项,以便监测货运流量,减少恐怖袭击的威胁。

containers)、无线通信系统和其他升级技术将使运输公司承担额外的费用。但从长远来看,新技术和安全可以为全球经济增添确定性和稳定性,通过精简供应链加快贸易也削减了与贸易便利化有关的非关税壁垒。

降低非关税壁垒的举措也会受到WTO下多边贸易议程的影响,在1996年新加坡世贸组织部长级会议召开期间,贸易便利化即被明确列入讨论议程。

由于对贸易便利化谈判的优点存在争议,包括提高透明度和简化行政要求,坎昆部长级会议未能促成谈判。一些发展中国家最初不愿意把这些提上正式的WTO谈判议程。2004年7月31日,世贸组织成员协商一致,开始了专门针对GATT三条规定的谈判。GATT第5条(过境自由)规定了货物过境的条件是无障碍运输,以及供应商、公司和贸易商之间的非歧视。第8条(费用和进出口手续)规定了海关对清关商品实行不歧视的收费,并保证规则上的透明度。第10条规定了及时协助公布进口条例的承诺,包括费用、海关估价程序等规定,还包括维持海关纠纷的透明行政程序义务。发展中国家在推进谈判方面发挥着重要作用,进一步减少了与贸易物流有关的障碍。

笔者认为,贸易便利化问题本身包含的议题是比较复杂的,即使多边协定能够给出较为完整的定义,也很难实现完全的贸易便利化,贸易便利化在多边层面的谈判难度上显然高于区域和双边。因此,许多双边和区域贸易协定对贸易便利化有更宽泛的规定,可以将贸易便利化理解为能够降低交易成本和促进国际贸易中货物流动的任何程序、过程或政策。①

(二)关贸总协定中贸易便利化规则的缺陷

从多边贸易便利化谈判的进程中可以看出,在全球范围内试图推行统一的贸易便利化措施存在很大的不确定性。由于各国、各区域在贸易便利化水平上存在巨大的差异,他们对统一多边贸易便利化

---

① See Marie-Isabelle Pellan and Marn-Heong Wong, Trade Facilitation in ASEAN and ASEAN +1 FTAs: An Analysis of Provisions and Progress, *Journal of World Trade*, Vol. 47, No. 2, 2013, pp. 245 – 246.

规则的接受程度具有天然差别,这种差别不可能在短期内通过援助或妥协得到消除,因此多边贸易便利化体制在实施上面临不可逾越的困境。

学界普遍认为,贸易便利化的前身为 GATT 1994 的第 5 条(过境自由)、第 8 条(与进出口相关的费用及手续)和第 10 条(贸易法规的发布和实施),这三条是自 1947 年以来就已经存在的规则。在贸易便利化协定出台之前,这些条款被认为抓住了贸易便利化议题的核心所在,已经充分澄清了相关贸易便利化条款的意思,因此无须另行筹划新的多边贸易便利化协议,这种说法显然缺少实证的支撑。贸易便利化谈判小组对这个问题审议的结果是,GATT 中的贸易便利化条款要想能够充分促进多边贸易便利化仍需程序和制度上的支持,即需要建立在一国海关清关程序和边境管理制度进一步完善的基础上。

第 5 条过境自由的目的是确保 WTO 成员方允许基于运输目的经过其领土或来自 WTO 其他成员方领土的过境自由,并因此对成员方设定了两项义务:(1)不能增加不必要的延迟或限制以及征收不合理的费用;(2)给予 WTO 成员方所有过境货物以最惠国待遇。WTO 进一步解释道,这就意味着成员方只有在两种情况下才能对过境货物进行收费,一是因过境产生的交通费;二是因提供相关服务而收取的管理费用,这些费用的收取必须是合理且非歧视性的。基于此,各成员方有义务给予经过其他任何成员方领土产品不低于在其境内运输的此类产品的待遇。显然,第 5 条在制度设计上缺乏操作性,也没有指导性的措施,只为成员方设计了两项原则性义务。虽然在实践中存在多起依据第 5 条规定提起的诉讼,但是专家组从来没有据此进行过裁决,也就是说,GATT 第 5 条没有对多边贸易便利化的实施产生实际的作用。为此,贸易便利化委员会在审查第 5 条时,提出了 7 点建议:(1)加强非歧视(最惠国待遇和国民待遇)条款;(2)预测、降低和简化费用和开支;(3)提高过境手续和文件的透明度;(4)使用国际标准;(5)改善区域过境安排;(6)检查和控制的限制(保税运输);(7)无配额过境。

第 8 条的目的是限制进出口过程中的成本和复杂性,就成员方有关进出口的相关收、缴费用规定了具体的法律义务，即使是对海关程序的轻微触犯，也有可能被施以处罚。虽然第8条没有关于简化进出口手续的强制性规定，但从该条整体传达出的意思中即可看出，成员方已经明显认识到了这一问题，第8条也因此成了很多争端解决的众矢之的。WTO成员方认为有必要对第8条做进一步澄清，修改的建议包括：(1)加强通关程序的可预测性和可靠性；(2)限制因费用和收费造成的成本；(3)简化手续和文件；(4)使用国际标准；(5)采用单一窗口作业；(6)消除装运前预检验、强制性报关和领事事务流程；(7)加速放货和清关；(8)提高风险评估技术、扩大实施经授权贸易商计划；(9)关后审计。

第10条对成员方施加的主要义务是，成员方应以迅速且易被获取的方式公布其贸易法规，避免在法规公布之前执行强制措施，并以统一、公正、合理的方式管理这些措施，成员方还需要为便于迅速审查和纠正海关管理问题组建法庭或维持其他程序。专家组在一些案件中对第10条的解释给出了指导，成员方在此基础上就第10条提出了五个方面的修改意见：(1)便于交易者更好更快地获取信息；(2)使用现代化的信息发布技术(如网络发布)；(3)设立并公布海关事务咨询台；(4)优先出版和咨询；(5)交易者的上诉权。

GATT贸易便利化条款的缺陷在于其原则性过强，在实际的贸易争端解决过程中存在适用上的难题，需要专家组或争端解决机构进行大量的解释工作。而且这些条款仅仅在应然层面对贸易便利化作出了设想，缺少对一些成员方实际需求的考察，特别是对发展中国家和最不发达国家的实际考察。例如，2007年的一份研究东非、西非和南非商业需求的报告[①]就这三个地区实施贸易便利化的实际需求形成了一份问题清单。非洲私人部门贸易便利化的六大关键问题是：(1)需要为低风险纳税人和交易者提供快速通关服务；(2)海关有必要与私营部门密切合作并定

① 该倡议由改善非洲海关管理的商业行动(the Business Action for Improving Customs Administration in Africa)予以贯彻实施，以响应2005年的年非洲委员会报告。

期协商,以确保为海关管理的变化和改革提供必要的支持;(3)需要加快所有海关流程和程序的自动化进程;(4)海关服务部门和私营部门应当缔结服务条款,规定互相之间的预期,并设置服务预期水平和质量参数;(5)消除关后审计和估价过程中的重复程序和官僚作风;(6)需要对海关机构进行专业培训、鉴定和认证。因此,如果单方面遵守 GATT 对成员方施加的义务,非洲国家根本无法满足条件,这也是多边贸易便利化体制实施的一个困境,即无法在成员方之间推行统一的标准,除非有相应的补救措施或合理的推行方案。

(三)执行成本对实施多边贸易便利化机制的阻力

自贸易便利化议题开始谈判以来,多数的评论都指向了其优点,最为普遍的说法是,贸易便利化对于发达国家和发展中国家是一个"双赢"的议题。但出乎意料的是,一些发展中国家对于贸易便利化协定的热情似乎在逐渐退却,[①]原因是乌拉圭回合中的一些问题尚未得到有效的解决,而这些问题直接关乎贸易便利化承诺实施的成本。

尽快就该问题(贸易便利化成本)达成协议很快得到了行业团体(industry groups)的有力响应。根据经合组织 2013 年商业标准(Business Standard)的估测,发展中国家的交易成本约降低了 13% ~15.5%。同年,世界银行对调研国家执行贸易便利化成本的估算为 7,000,000 ~11,000,000 美元。Rippel 的一项研究指出,就贸易便利化对发展目标的贡献而言,不执行协定的成本远远高于执行的成本。其逻辑关系在于,贫困程度可因经济增长而降低,要拉动经济增长就必须创造更多的就业和收入机会,而就业和收入机会与出口业绩之间是一种正相关关系,出口业绩又与企业竞争力密不可分,提高企业竞争力的有效途径之一就是降低贸易成本,贸易便利化措施又恰恰可以通过优化边境和海关管理方式、改善基础设施、提升物流效率和服务标准以及协调区域标准等手段来降低贸易成本。

---

① International Trade Centre (ITC), *WTO Trade Facilitation Agreement: A Business Guide for Developing Countries*, Geneva: ITC, 2013, Doc. No. BTP-13-239. E., pp. 4-5.

大家一致认为降低贸易成本对于所有 WTO 成员方具有共同利益,尽管多数评论的结果认为贸易便利化带来的结果是“双赢”的,但对于发展中国家和最不发达国家而言,仅执行贸易便利化措施耗费的成本就已经构成了一项巨大的负担,成员方中的发展中国家或最不发达国家开始寻求减负途径,以便灵活地执行贸易便利化承诺,这个途径就是众所周知的“特殊和差别待遇”。

为了帮助发展中国家和最不发达国家进行贸易便利化改革,贸易便利化协定给予了这些国家宽松的实施期限,以便逐步扫清执行过程中的障碍。具体的期限根据实际评估结果确定,在此基础上,再评估实施期限内所需的援助内容和援助成本,以及对个别成员方进行特殊的承诺安排。发展中国家和最不发达国家执行贸易便利化的承诺和对援助的接受由 WTO 实施监督。

尽管贸易便利化协定生效后将对所有发达国家产生约束力,但考虑到一些成员方在履行部分或全部义务之前需要一定的技术援助,因此,各成员方一致同意发展中国家和最不发达国家成员根据不同承诺类别加以落实:

(1)A 类承诺是由成员方在协议生效时实施;

(2)B 类承诺是成员方在一个过渡期后实施;

(3)C 类承诺是成员方在过渡期后,根据技术援助和能力建设支持条款并结合自身执行能力需求加以实施。

对于 C 类承诺,这些国家打算从援助机构那里寻求技术和能力建设方面的支持,并确保形成一个获得支持的协议,一旦达成这个协议,各有关国家将会通知 WTO 他们的预计执行日期。为此,已经建立了一个复杂的预警程序来处理这些国家在获取所需援助时遇到的困难,或在执行中没有获得技术援助的困难,而需要将 B 类中的某些承诺转移到 C 类之中。在这种情况下,贸易便利化委员会的通知可能是这样的:“承诺将构成协议的一部分,承诺的个别安排将因此被公开,许多商业领域将会对此感兴趣。”

(1)了解一国何时实施承诺有利于让企业了解何时会改进贸易便利化,以避免产生不切实际的期望;

(2)出版时间表将一个国家的计划展示给利益相关方以便审查,例如,企业可能知道该国的现有改革并没有反映在计划的实施时间表中;

(3)比起其他更具技术性或需要国家法律或法规作出更改的承诺,可能磋商和对话义务会早日实现,这将促使企业在国家会议上讨论实施情况,提高企业提供技术援助或能力建设支持的可能性。

假设所有成员方在保障贸易便利化措施实施方面都具有同等的能力,则多边体制的推行将不会存在改善实施环境这个巨大的障碍。而在现实中,发展中国家和最不发达国家在实施环境和能力上与发达国家差距甚远,势必在执行过程中遭遇环境硬件上的差异性和不确定性,而且援助本身是否能够解决这一问题仍需作进一步观察。

第三节 区域贸易便利化的兴起与发展

区域贸易协定是对多边贸易体系的补充而非替代。在某种程度上,贸易便利化措施的演变趋势与区域贸易协定相同。区域贸易协定的数量在过去二十年翻了四番,其深度和涵盖范围也普遍增加,这也同样体现在政府日渐重视的贸易便利化部分。

一、区域贸易便利化的历史沿革

(一)区域贸易便利化的初始阶段

早期的区域贸易协定几乎不包含贸易便利化的内容。多年来,主要国家的便利化措施主要采取的都具体合作安排的形式,并没有扩大到更广泛的区域贸易协定(regional trade accords)的范围。

当政府开始意识到需要超越关税政策、扩大贸易议程时,贸易便利化便进入了区域贸易协定。首先是在欧洲,而后是在世界其他地区。2004年世界贸易组织关于促进贸易便利化的谈判进一步推动了这一趋势。此后,几乎所有缔结的区域贸易协定都至少包含了某几种类型的便利化措施,很多区域贸易协定还制定了一套全面的贸易便利化规则。

在区域贸易协定中,初步纳入贸易便利化的尝试相当谨慎,只限于狭义的海关改革领域,通常与费用和透明度有关。随后,协定扩大了贸易便利化的范围,简化了贸易文件拓宽了边境机构合作。再后来,条约范围进一步扩大,包括风险管理、预先裁定、上诉权、授权经营者、快捷装运、单一窗口、货物的临时入境或快速放行等措施。

(二)区域贸易便利化的发展阶段

然而,近期的区域贸易协定越来越复杂。虽然相比此前的区域贸易协定而言范围更广泛且更深入,但个别条约在贸易便利化的表述上仍有所不同。仅就术语而言,条约中的表达就缺乏一致性。贸易便利化规则分散在海关程序、透明度和一般规定的部分,或者是单独规定在贸易便利化章节。此外,贸易便利化的确没有一个统一的定义。

同时,区域贸易协定有关贸易便利化的内容越来越多样化,在范围、精确度以及目标水平上都存在很大差异。有一些协定,如 APEC、EFTA、欧盟或者美国所缔结的协定范围更广,而其他协定,如俄罗斯和许多苏联国家之间的条约的涵盖范围就很有限,一般只涉及过境和与海关有关的信息交换。即使涵盖范围相同,相应措施的深度也可能有很大差异。

区域贸易协定中的贸易便利化方法经历了不同的发展阶段。虽然早期的条约大多不包含贸易便利化措施,但在后来的协定中却日益成为重要内容。到 20 世纪 90 年代后期,区域贸易协定纳入了贸易便利化的内容,旨在减少贸易中的繁文缛节(red tape)。WTO 贸易便利化谈判的启动促成了贸易便利化在多边和区域层面的改革。

二、区域贸易协定中贸易便利化条款的影响因素

影响区域贸易协定中贸易便利化条款日益趋同的因素包括以下方面:

(一)协定的类型

关税联盟中的贸易便利化条款通常比其他区域贸易协定的范围更广、目标水平更高。共同的外部关税需要内部边境程序更深层次的简化和一致。贸易便利化规则与签署国的数量之间并无明确的相关性,任何协定都可能以双边或多边形式缔结,因此,限制贸易便利化范围的

条约也是如此。

(二)缔结协定的日期

1970 年代后期缔结的大多数区域贸易协定[①]都仅限于关税削减、数量限制、保障措施、收支平衡(balance-of-payment)以及不歧视原则,还有一些协定,如挪威和冰岛的欧洲经济共同体协定(EEC Agreement)也列出了有关竞争政策和反倾销的规定。还有少数协定包含了简化贸易程序,尤其是原产地规则、SPS 规则、TBT 规则、证书问题和技术要求等,然而,几乎没有一个协定提及贸易便利化问题。[②]

这种情况在 20 世纪 80 年代慢慢开始有所变化,有关贸易便利化的具体规定更频繁地出现在区域贸易协定中。到 20 世纪 90 年代初,贸易便利化在区域贸易协定中趋于全面规范;到 20 世纪末,绝大多数(92%)的区域贸易协定都对贸易便利化有所革新,这反映了区域层面贸易便利化的重要性。2000 年以后,这一趋势更加明显,几乎所有的区域贸易协定都包含了贸易便利化部分,然而,其涵盖范围的广度和深度各异,在这一时期,区域贸易协定的规则有限。[③]

(三)WTO 贸易便利化谈判的启动

2004 年 WTO 谈判的开始使这一趋势更加显著。在此之后,绝大多数缔结的区域贸易协定都包含了贸易便利化条款。例如,在亚洲,2005 ~ 2011 年签订的 90% 的区域贸易协定都包含了这一措施,而 1975 ~ 2004 年的区域贸易协定只有不到 25% 包含这一措施。[④]

WTO 谈判的影响也在内容方面有所体现。多边谈判前后缔结的区域贸易协定中的贸易便利化条款有明显的不同。2005 年后签署的许多区域性协定都规定了贸易便利化措施,而且几乎与日内瓦讨论的原则完全一致。相应地,WTO《贸易便利化协定》中的措施也受到了区域贸易协定实施

① 实际的参考日期是协定生效的日期。

② 有一个例外是《欧洲自由联盟条约》(EFTA 条约)。

③ 例如,土耳其或乌克兰缔结的区域贸易协定。

④ See Marie-Isabelle Pellan and Marn-Heong Wong, Trade Facilitation in ASEAN and ASEAN + 1 FTAs: An Analysis of Provisions and Progress, *Journal of World Trade*, Vol. 47 No. 2, 2013, p. 253.

便利化倡议的启发,如美国与智利以及与新加坡区域贸易协定中的快捷装运条款。这两方面的发展使区域和多边贸易便利化的规定趋于一致。

(四)发展水平

尽管发展中国家区域贸易协定的贸易便利化条款呈现了特定的趋势,但与发达国家的相比目标追求往往较弱[①](也并非总是如此)。在发展中经济体,有1/3的条约涵盖了贸易便利化的内容。[②] 这些条约中只有不到7%是发达国家缔结的协定。一些发达国家缔结的区域贸易协定(North-North RTAs)中有关贸易便利化的规定非常有限,例如澳大利亚—新西兰、欧共体—冰岛、欧共体—挪威或欧盟—瑞士、欧盟—列支敦士登的协定;而发展中国家之间的许多协定对贸易便利化却规定得相当详尽。[③] 此外,缔结日期往往扮演着更重要的角色。所有上述发达国家区域贸易协定都属于1970~1980年缔结的老一代的协定形式,对贸易便利化的规定十分有限。

(五)区域贸易协定的缔结数量

虽然协议签署国的数量与其贸易便利化的范围并无明确的相关性,即双边条约并不一定比多边条约的涵盖范围广,但区域贸易协定的目标似乎与某些国家的磋商频率有关。在一些情况下,当协定构成一系列区域贸易协定的一部分时,则贸易便利化的涵盖范围就要广泛一些,例如智利、哥伦比亚、巴拿马、秘鲁签署的协定。通常,协定中第一个贸易便利化条款的模式会严重影响后续缔结的协定。[④] 尤其是在涉及大的经济体时,这一趋势更为明显,欧洲自由贸易协会(EFTA)、欧盟、美国以及俄罗

---

① 这归因于基础设施的局限性、融资和其他能力问题以及文献中不同的优先顺序。See Evdokia Moisé, *the Relationship between Regional Trade Agreements and the Multilateral Trading System*, TD/TC/WP(2002)17/FINAL, p. 4.

② 被界定为具有最全面贸易便利化组成的30个协定。

③ 例如,中南美洲国家缔结的区域贸易协定,如智利—哥伦比亚、巴拿马—智利、巴拿马—秘鲁等;或者中国缔结的区域贸易协定,如中国—哥斯达黎加等。

④ 例如,俄罗斯和几个独联体国家亲属的区域贸易协定中的转运条款(the transit provisions),美国—智利和美国—巴林之间设立咨询点的条款(the provisions on inquiry points),或美国和秘鲁、新加坡、澳大利亚以及巴林之间缔结协定中的费用条款(the provisions on fees and charges)。

斯缔结的条约都包含有类似的规定。

（六）特殊利益

区域贸易协定签署国的核心利益扮演了重要角色。例如，美国签署的协议中的贸易便利化部分，就反映了美国关心的核心问题，比如快捷装运、网络公布（internet publication）以及处罚规则等。协定经常包含的内容还包括授权经营者、国际标准、程序简化等问题，这些也是WTO《贸易便利化协定》所包含的内容。日本缔结的区域贸易协定几乎都包含了上诉程序，这也是日本在日内瓦强烈倡导的议题。

（七）地理区位

地理区位很重要。例如，与内陆伙伴相关的区域贸易协定很有可能涉及过境方面，因此，有无入海口影响很大。一般而言，没有入海口的国家发展水平相对更低，在这种情况下，这种趋势也更加明显。此外，转型经济体缔结的条约也总是包含有过境部分。[①] 另外，签署国的地理邻近度并不一定会对贸易便利化条款的性质和频率产生重大影响。在所有经统计的区域贸易协定中，近2/3（63%）的协定并非具有严格的区域性。事实上，在过去15年内，区域协定范围的扩散尤为明显，绝大多数的近期条约都具有广泛的地域范围。

三、区域贸易协定中贸易便利化条款的范式

（一）区域贸易便利化措施的范围和特征

1. 区域贸易便利化措施涉及的范围

区域贸易协定中的贸易便利化条款涵盖范围广泛，笔者在此只对WTO谈判中所涉及的GATT第5、8、10条以及海关合作部分[②]与区域贸易协定进行比对，而不考虑其他事项，如原产地规则、SPS规则或TBT规

---

① 例如，亚美尼亚、阿塞拜疆、白俄罗斯、格鲁吉亚、吉尔吉斯斯坦、摩尔多瓦、哈萨克斯坦、塔吉克斯坦、土库曼斯坦、乌克兰或乌兹别克斯坦。

② 尽管尽可能地涵盖了WTO谈判中处理的许多问题，但并非所有的涵盖都有意义。实际并未出现在审查协议中的问题，或至少不在相关的贸易便利化部分，例如有关加强控制后检查的通知或接受副本等被排除在外，将重点放在了贸易便利化议题上。

则的内容。在这些有限的参数范围内,分析显示,合作、透明度、费用和授予方面的问题经常能够获得解决,而过境事项得到的处理则相对较少。

按照出现频率排列,与海关有关的信息交流及合作排在首位,其次是简化进出口费用和手续的规定,信息公布(publication)、上诉、规范统一、风险管理、预先公示(prior publication)、过境、预先裁定也排在前十,而出货前减产、单一窗口、清关后审核和报关经纪人的规定最为少见,业务咨询、授权经营者、分开放行、处罚规则①和放行时间的规定也很少见(见表1)。

表1　区域贸易协定中贸易便利化措施的出现频率②

排名	措施	出现频率(%)
1	与海关有关的信息交流	69.6
2	海关及其他贸易便利化事项的合作	59.4
3	手续或程序简化	52.5
4	信息的公开和可用性	50.2
5	上诉程序	41.5
6	规范或手续的统一	38.7
7	风险管理	36.9
8	执行的预先公示	36.4
9	过境	36.4
10	预先裁定	35.9
11	自动或电子提交	35.5
12	国际标准的适用	33.2
13	进出口规费	32.7
14	对提议的法律、法规发表评论	28.1
15	咨询点	27.2
16	网络公开	26.7
17	货物的暂时准入	21.7

① 关于处罚的规定更为繁多,但却被排除在WTO谈判的涵盖范围之外。
② 资料来源:根据WTO区域贸易协定数据库中包含的信息进行计算。

续表

排名	措施	出现频率(%)
18	领事馆	18.9
19	快捷装运	16.0
20	到达前处理(Pre-arrival processing)	15.7
21	放行时间	15.7
22	处罚规则	15.2
23	从清关到分开放行	15.2
24	授权经营者	13.8
25	咨询交易者的义务	9.7
26	报关经纪人	5.5
27	清关审查	5.1
28	单一窗口	3.6
29	装运前检查	3.2

2. 区域贸易便利化措施的特征

区域贸易协定中的贸易便利化措施的特征与其他要素不同。当审查是否存在潜在的歧视性时,尤其如此。与诸如关税、数量限制或原产地规则等寻求向区域贸易协定伙伴提供优惠待遇的规定不同,贸易便利化措施的本质是非歧视性的。例如,在网上公布规则和条例时,不能在不允许第三国从该信息中受益的情况下实施,从手动切换到自动清关系统是非歧视性贸易便利化措施的另一个例子。由于这些措施固有的普遍性,因此不能仅限于有利于区域贸易协定的各方。在这些情况下,即使各方有意如此,歧视也是不可能的。

虽然至少在观念上贸易便利化措施可以只惠及区域贸易协定的各方,但这一做法并不具有经济或政治意义。例如,当建立单一窗口时,如果将单一窗口的使用限制在一小部分合作伙伴范围内似乎并不明智,因为非集中处理的平行框架的成本更加高昂。在某种程度上,也可以说是为了适用国际标准简化进出口的相关手续。

由于区域贸易协定的多样性,因此很难去概括贸易便利化内容的设计、结构和实质内容。虽然有些仅限于一套相当狭义的贸易便利化措施，特别是在WTO贸易便利化谈判开始之前缔结的条约中，但有些条约的范围更广泛、承诺更详细，甚至超越了《贸易便利化协定》的规定。

由于《贸易便利化协定》缺乏一定的内在灵活性，这也就意味着区域贸易协定对许多欠发达国家而言，其适用更直接甚至可以立即适用。此外，许多区域贸易协定对技术援助和能力建设没有或仅有非常有限的要求。同时，由于区域贸易协定欠缺具有约束力的争端解决机制，因此，也就不具有强制执行力去践行贸易便利化承诺。

虽然区域贸易协定的贸易便利化内容各异，但也表现出了一定的趋势。首先，与边境有关的海关问题日益重要，这也是贸易便利化措施的重中之重，但从更深层次的角度来说，也带来了边界的障碍。其次，另一个趋势是区域贸易协定包含了越来越详细和全面的法律承诺。虽然很多区域贸易协定中的贸易便利化条款仍然以非特定术语表达，但存在一个明显的变化，即区域贸易协定中的贸易便利化比WTO《贸易便利化协定》规定得更为详细。最后，另一个明显的趋势是区域性贸易便利化措施和目标在区域和多边层面越来越相似。区域贸易协定的相似性往往是国家在一系列协定中持续追求利益的结果，这就导致出现了类似甚至相同的语言。因此，国家提交WTO贸易便利化谈判的议题也是经区域贸易协定检验的议题，代表了国家追求的利益。

因此，区域和多边贸易便利化措施出现了一定的聚合。虽然区域贸易协定中贸易便利化内容的多边化可能会导致差异和不兼容，但是尚未发生具体冲突的例子。由于贸易便利化措施具有普遍性，因此区域贸易协定中的贸易便利化措施也不存在歧视问题。基于促进简化和协调的要求，许多贸易便利化规定都具有固有的非歧视性。

贸易便利化最重要的趋势是参与贸易便利化协定的国家数量迅速增加。总而言之，区域贸易协定中的贸易便利化条款和《贸易便利化协定》呈现一种共性与差异并存的复杂景象。WTO贸易便利化谈判中的大多数问题同样反映在区域贸易协定中，而区域贸易协定通常对贸易便利化的定义要更宽泛。在许多情况下，区域贸易协定的语言都表现出限制性，而且并不具体，双边安排似乎更容易促进不同利益和立场的国家达成协定，这就可能会导致区域贸易协定中的贸易便利化措施超越 WTO《贸易便利化协定》。

（二）区域贸易便利化的欧美模式

美国和欧盟的区域贸易协定谈判皆形成了自身模式。

1. 欧盟贸易便利化模式

欧盟是第一个致力于区域贸易协定的组织。在 20 世纪 70 年代的协定中，几乎有一半以上的缔约方都是欧盟，但却没有任何一个协定包含贸易便利化措施。20 世纪 80 年代没有缔结区域贸易协定；随后十年，区域贸易协定的活动很有限，只有欧盟的 4 次介入；直到接下来的十年，区域贸易协定的倡议才真正启动；2000～2009 年缔结了 18 项新协定；2013 年中期又增加了 5 项。

就涵盖范围而言，早期协议中的贸易便利化范围是非常有限的，直到欧盟将促进区域贸易协定中的贸易便利化条款列为重点。与海关有关的合作和信息交流以及手续简化是最常见的问题。其次是协调条款，欧盟有近 2/3 的合作协议都包含了这一条款，而超过一半以上的合作协议包含了过境问题。

欧盟在 WTO 谈判中所表达的进攻性利益（offensive interests）也出现在近期的区域贸易协定中。欧盟只有不到 1/3 的协定包含授权经营者的规定（在欧盟的日内瓦议程上）以及国际标准。

欧盟其他的核心利益，例如装运前检查（pre-shipment inspection, PSI）和报关经纪人制度出现的频率也不低。以装运前检查为例，欧盟签订的区域贸易协定都包含与装运前检查相关的条款。

当不同协定涉及相同的问题时，条款措辞通常是相似的但很少有完全的复制粘贴。[①] 然而，即使是最全面的协定，也并非总是有约束力。条款通常的措辞表达具有非强制性，即无须规定方式和方法即可寻求某一

---

① 例如，关于欧盟和喀麦隆、科特迪瓦以及加勒比国家之间缔结的协定中关于简化和协调海关程序的规定。

领域的“合作”或制定某些措施。例如,欧盟——智利的协定要求“应用现代海关技术,包括风险评估”,然后才认为“各方将采取必要措施确保风险评估方法的有效性”。①

2. 美国贸易便利化模式

美国从20世纪80年代开始致力于制定区域贸易协定。第一个协定是1985年与以色列签订的,并不包含贸易便利化部分。美国用了近十年的时间才完成了下一个协定(1994年生效的北美自由贸易协定),其中包含了贸易便利化部分。然而,2001年与约旦签订的条约并不包含贸易便利化的内容。直到2004年WTO启动对贸易便利化的谈判,区域贸易协定工作才正式启动。到2012年,一共有11个协定生效,而且全都包括实质性的贸易便利化条款。

这些协定的内容有很多相似之处。早前协议的谈判为以后的条约提供了蓝本。许多条款被原封不动地纳入后来的条约中。除了在相关章节的标题上加上“和贸易便利化”等一些表面的修改外,如在与巴林②、智利③、摩洛哥④以及新加坡⑤的协定中的“海关行政”部分,实质内容几乎没有变化。所有协定都包含了公开(包括网络公开和预先公开)、设立咨询点、预先裁定、上诉程序、分开放行、风险管理、放行时间、快速装运以及简化手续的规定,其中,很多条款的措辞都很相似,甚至连条款的编号也相同。⑥ 这些协定在不涵盖的范围上也十分相似,如都不包含清关后审查、经营者授权、协调、单一窗口建设、装运前检查、报关经纪人、过境。美国在WTO谈判中追求的积极利益通常也反映在其缔结的区域贸易协定中,即大多数协定都规定了网络公开、处罚规则、快速装运和领事馆。

各贸易伙伴的发展水平似乎并没有起到非常明显的作用。在某些情

---

① See article 79:3:c.

② See chapter 5 of that Agreement.

③ See chapter 5 of that Accord.

④ See chapter 6 of that Accord.

⑤ See chapter 4 of that Accord.

⑥ 如设立咨询点的规定(第5.1.2条)、预先裁定(第5.10条)、从清关到分开放行(第5.2条)或快速装运(第5.7条)。

况下,与发展中国家的协议甚至比与发达国家的协议更为全面。[①]

与欧盟的协定相比,美国的区域贸易协定往往比较详细,承诺水平也往往更高,许多规定相当全面,也设定了具体的目标。例如,关于快速装运规定了免除关税或税收(以及正式入境文件)[②]的最低限度为200美元,以及4小时或6小时的特定清关时间。[③] 还规定了所有货物的放行时间,通常最多为48小时。[④] 相比而言,欧盟的区域贸易协定的内容并不详细。协定中通常不规定放行时间,而就加速程序的措施而言,规定得比美国签订的区域贸易协定更加概括。[⑤]

美国与智利的自由贸易协定对预先裁定规定得相当详细,几乎涵盖了所有阶段。[⑥] 同样的问题,欧盟与智利的自由贸易协定只包含了一小段的内容,即只需要提供关税分类和原产地规则的预先裁定,并规定修改或撤销裁定的特定要求。[⑦] 同样,美国与智利自由贸易协定中的上诉程序或审查程序也比欧盟与智利的自由贸易协定规定得详细。[⑧] 欧盟区域贸易协定倾向于提供合作的框架,而美国往往会更加注重具体规定各缔约方的义务。[⑨] 有效的贸易便利化措施提高了海关的工作效率,完善了边境的税收征管制度,有利于吸引外国直接投资。贸易便利化的多边协定将加快货物跨境流动,并会提高贸易和经商的透明度和可预见性。随着区域和全球供应链的日益流行,有效和可预测的贸易便利化对于发展中国家的供应链的运行而言也是一个重要因素。

---

① 如美国—澳大利亚的协定以及美国与哥伦比亚、秘鲁或摩洛哥的协定。

② 如美国—哥伦比亚协定第5.7(g)条、美国—韩国协定第7.7(g)条。

③ 如美国—智利协定第5.7(d)条、美国—哥伦比亚协定第5.7(e)条以及美国—韩国协定第7.7(e)条。

④ 如美国—秘鲁自由贸易协定第5.2.2(a)条或中国—哥斯达黎加自由贸易协定第49.2条。

⑤ 如欧盟—韩国的自由贸易协定,只寻求各方"采纳或维持快速通过程序",并无进一步的具体要求。

⑥ 美国—智利自由贸易协定第5.10条。

⑦ 欧盟—智利自由贸易协定第79.3条。

⑧ 欧盟—智利自由贸易协定第79.2条、美国—智利自由贸易协定第5.8条和第20.5条。

⑨ 例如,自动化规则(rules on automation)。

第三章 “一带一路”贸易便利化与海关措施

海关措施是多边《贸易便利化协定》和区域贸易便利化的主要内容,也必然是“一带一路”贸易便利化研究的主要内容。

第一节 海关措施现代化的挑战

海关通关便利则货物流动畅通,海关通关障碍则经济发展梗阻。[①] 在多边《贸易便利化协定》达成之前,一些区域[②]和

---

① 参见何力主编:《“一带一路”战略与海关国际合作法律机制》,法律出版社 2015 年版,第 4 页。

② 如著名的“东盟单一窗口”(The ASEAN Single Window, ASW)就是一项区域举措,它连接并整合了东南亚国家联盟成员方的单一窗口,目标是在东盟经济一体化进程加快的情况下加快货物通关。ASW 的实施将确保东盟成员方与国际开放通信标准的兼容性,同时确保每个成员方都能够与任何使用国际开放标准的贸易伙伴安全可靠地交换数据。ASW 目前支持在 7 个成员方之间试点交换东盟内部原产地证书和东盟海关申报单,并将进一步扩大交换其他类型的数据。ASW 的发展由指导委员会管理,并得到东盟技术和法律工作组的支持。已经开始与私营部门进行磋商,进行交换数据以及其他补充举措。See WTO Trade Facilitation Agreement:A Business Guide for Developing Countries, International Trade Centre 2013, p. 19.

国家[①]就已经在实践中摸索如何进一步简化通关程序和手续，代表性成果就是“单一窗口”模式和“无纸化”通关理念的应用，这一巨大的进步建立在现代电子信息技术发展的基础之上，因此本文称为“海关措施的现代化”。而大多数“一带一路”沿线国家目前的电子信息技术和互联网建设水平较低，在未来“一带一路”贸易便利化机制的构建中，仍需要予以特别的考虑和安排。

一、通关程序简化的措施要求

《贸易便利化协定》作为 WTO 第一个成功的多边协议，代表了大多数国家在贸易便利化上的利益诉求，对货物通关程序[②]的简化措施有一定的借鉴意义。目前，《贸易便利化协定》在货物放行与结关程序的简化上主要采取了“抵达前业务办理”和“货物放行与关税、国内税、规费及费用的最终确定相分离、和后续稽查”等措施。在上述区域贸易协定贸易便利化措施中，这几项海关措施出现的频率都比较低，如抵达前业务处理的频率是 15.7%，单一窗口出现的频率是 3.6%。这些问题既是区域贸易便利化存在的问题，也是中国将来在推进“一带一路”贸易便利化过程中必须予以解决的问题。

（一）抵达前信息处理

抵达前信息处理，是指在货物抵达前预先提交舱单等货物进口单证，

---

① 如 2011 年，莫桑比克正式启动“单一窗口”，这一举措海关和其他参与边境管制的政府机构提供了一个集中的运作平台。如今，该系统每年能够处理多达 400,000 份报关单（每天约 1,500 份报关单），使贸易商和参与机构从中受益良多。莫桑比克未来计划包括纳入与国际数据交换有关的额外服务和新功能。该系统有两个主要组成部分：海关管理系统（Customs Management System，CMS）和贸易网络电子数据交换（TradeNet electronic data interchange）。See WTO Trade Facilitation Agreement：A Business Guide for Developing Countries，International Trade Centre 2013，p. 18.

② 海关报关程序一般需要四步，由报关当事人（当事人是指进出口货物、物品、运输工具的发货人、负责人、所有人或者代理人。）申报，海关审单；海关查验，当事人配合；海关征税，当事人缴税；海关放行，当事人提货或装货。某些特殊货物，如保税加工货物、特定减免税货物、暂准进出境货物等，这些货物还需要在申报前进行加工贸易备案、特定减免税备案登记、办理货物暂准进出境备案申请手续等。在放行后要办理核销、解除监管、销案等手续。

由海关进行预先审查,以便货物抵达后能够加速放行。[①] 抵达前的业务办理作为一项贸易便利化措施对既有的海关报关程序提出了要求,海关有必要改变原有的业务办理顺序或者方式,设立相关程序来满足抵达前业务办理的需求。抵达前信息处理措施不仅能够减轻货物抵达后的程序负担,而且能够帮助海关通关部门在货物抵达前通过分析相关信息来评估是否存在高危货物、运输工具和人员,从而有效提高边境执法效率。[②]

很多国家在双边或区域的自由贸易协定中已经开始规定相关条款,并在实践中进行了广泛应用和发展。例如,针对易腐货物、快运货物通关的措施就有所涉及,[③]只是没有得到普遍适用,包括没有普及所有进出境业务及海关关口。因此,本节所讲的统一报关程序的实质是普及某些已经被实践证明有益贸易便利化的措施以及报关中需要改善的措施,以使这些能够被通用的措施在全球海关业务中得到进一步的拓展和规范。

从信息的提交形式来讲,电子单证在提交和审查程序上要比一般纸质单证快捷,但考虑到很多国家的海关基础设施建设和海关能力建设还处在完善阶段,完全的无纸化单证要求并不适用于所有国家。因此,在未来“一带一路”贸易便利化措施方面,对单证提交方式的要求应该由各国海关自行规定,待条件成熟时再实行统一的电子化、无纸化。《贸易便利化协定》第 7.1.2 条要求成员“酌情”规定以电子形式提交单证应该既要考虑到自身海关的能力建设水平,也要照顾到报关当事人的实际情况。随着现代海关业务信息化系统的建设,无纸化通关将会逐渐在全球普及,海关应尽可能地要求提交电子格式的单证和必要信息。

(二)进出口规费分离制度

对于关税和费用的收取,海关的传统方式是根据报关单证上的货物

---

① 抵达前的信息包括运输方式、运输单证等与货物报关有关系的信息。See James D. Phillips, Improving Border Management, *International Journal*, Spring 2005, p. 410.

② See Free Trade Area of the Americas Declaration of Ministers-Fifth Trade Ministerial Meeting, NAFTA. *Law and Business Review of the Americas*, Summer 2000, p. 480.

③ See Free Trade Area of the Americas Declaration of Ministers-Fifth Trade Ministerial Meeting, NAFTA. *Law and Business Review of the Americas*, Summer 2000, p. 478.

名称、税号等进行计算,一般在货物放行前予以收取。但从通关效率的角度来讲,税费的确定可能会拖延放行时间,因为海关并不能保证快速确定相关费用。放行与税费缴纳分离的方式更加灵活,能够最大限度地降低贸易商等待的时间成本。GATT 1994 的贸易便利化措施已经关注到了货物的快速放行,特别是指向了与放行相关的费用问题。①

货物放行与税费缴纳分离并非是将二者绝对隔离,而是根据税费作出的效率而定。如前所述,如果鼓励所有贸易商在货物抵达前提交单证,海关就可以预先计算关税、规费和费用等。如果在货物放行时相关税费已经确定,那么就可以正常放行。如果经合理判断仍不可能及时确定,那么就应该采取特殊措施,对货物提前放行。特殊措施一般是指“海关担保”,这个问题会在本章作专门论述。因此,这种分离制度的关键在于税费确定的时间点是否有利于货物及时通关,如果海关能够在货物抵达时或者抵达后及时确定,就可免去贸易商提供担保这一程序。《贸易便利化协定》第 7.3 条规定了将货物放行与关税、国内税、规费和费用的最终确定相分离的制度,包含了三种可变通的情形,即若关税、国内税、规费和费用在货物抵达前尚未最终确定,或未在抵达时确定,或未能在货物抵达后尽快确定,那么海关就可以采取措施,要求贸易商提供担保,再对货物先予放行。

其实,很难给海关规定一个统一的提前放行规则,因此需要海关自由裁量何种情形下没有达到“尽可能快地作出”的要求,或者不能达到“尽可能快地作出”的要求。

(三)清关后审计

清关后审计(Post-clearance Audit)是《贸易便利化协定》在货物放行和清关方面的一项重要举措,这一措施既能加速货物通关,又能保障海关的法律法规得以遵守,且保障了货物贸易的安全。后续稽查作为一种风险控制手段,是指海关基于一定的选择标准,在事后对存在高风险隐患的

---

① See Deborah Elms, After Bali: What Happens Next with Asian Trade Facilitation, *Asian Journal of WTO and International Health Law and Policy*, Vol. 9, No. 2, 2014, p. 431.

货物或者运输工具进行查验。

根据《贸易便利化协定》第7.5.2条的规定，后续稽查应该具备相应的透明度。这个透明度应该包括，当事人事前知晓后续稽查的规则，稽查完成后应该被告知稽查结论、作出结论的理由以及自身的权利和义务。此外，后续稽查获取的信息不仅可用作海关的风险管理，还可能用于相关的行政和司法程序，①当事人作为行政和司法程序的可能性主体，也有权利知晓涉及自身的稽查结论和理由。

海关后续稽查的基础是“风险”，该风险可能会受到一国或地区政治、经济、宗教、文化等因素的影响，很难在全球范围内给各国海关制定一条风险基准。“一带一路”沿线国家的范围在不断扩大，从伊始的几大地区来讲，中亚、西亚北非、东盟、中东欧等国家在政治、经济、宗教等方面存在巨大的差异，受沿线国家和地区贸易环境、贸易安全指数等因素的影响，在”一带一路”贸易便利化制度的建构中，不可能制定一项通用的风险稽查标准。因此，正如《贸易便利化协定》第7.5.2条建议的那样：“由各成员以风险为基础选择一当事人或货物进行后续稽查，可包括适当的选择标准……”可见，风险基准和选择标准都由各国或海关自行决定。货物清关后审计是在多边贸易便利化谈判中为保障货物先行安全而采用的海关风险管理体系，②能够防止因通关程序简化造成的风险遗漏，同时能对当事人心理产生一定的威慑，促使其做到诚信通关。

二、通关手续的电子化与标准化

货物通关的便利化不仅需要统一和简化过境程序，还需要统一和简化与程序相关的手续。简化手续主要是指降低手续的复杂度，以“货物放行的必需”作为衡量标准，减少过境单证的要求。此外，在整个手续的办理过程中尽最大可能使用国际标准或与国际标准相协调的规定。

---

① 参见《贸易便利化协定》第7.5.3条：“在后续稽查中获得的信息可用于进一步的行政或司法程序。”

② See Deborah Elms, After Bali: What Happens Next with Asian Trade Facilitation, *Asian Journal of WTO and International Health Law and Policy*, Vol. 9, No. 2, 2014, p. 436.

（一）过境单证

《贸易便利化协定》第10条对进出口手续中的单证简化问题有指导性的规定。单证的提供应以货物的放行和结关为目的，尽可能减少贸易商守法的时间和成本。在海关的实际操作中可以通过以下方式来简化单证的要求：

1. 尽量采用电子单证

根据效力的不同，单证可以分为正本和副本；根据表现形式的不同，单证可以分为纸质单证和电子单证。相对来讲，单证副本和电子单证有更大的灵活性。单证正本一般只有一份，一旦进出口国政府机构持有了正本单证，即得要求其他机构接受该单证的副本，而不得以提交正本为条件拖延手续的办理，以鼓励和推动电子副本的使用和接受。

2. 避免单证的重复提交

在海关能力建设部分已经提到了“单一窗口”的设立问题，单一窗口可以对贸易商提交的单证和数据进行一站式审查，也就是说，贸易商一旦向单一窗口提交了相关单证，其他联合执法的机关即不得再要求贸易商重复提交。因为随着海关联合执法、共同监管区的设立、监管互认协议的达成以及信息共享系统的建立，贸易商一次性提交的单证信息可以得到有效的传递，从而省去了重复提交和重复审查的麻烦。

3. 单证的统一

单证的统一性，是指在一国之内，海关用于货物放行和结关的单证应该具有统一性，领土内的各个关口应当使用统一的海关程序和单证。但这并不意味着在一国领土内全部货物都应当使用统一的单证。货物因性质和类型的不同，在单证的要求上也可能存在差异。此外，由于海关风险管理、税收措施等还会要求部分货物的贸易商提交不同的单证，《贸易便利化协定》第10.7条还规定，统一单证的要求不得妨碍一国以与《实施卫生与植物卫生措施协定》相一致的方式区分单证要求。

需要关注的问题是，由于一国各个海关在推行电子报关和接受电子单证的能力上可能存在差异，所以载有同样内容的电子单证和纸质单证应该视为同一单证，而不得以单证的载体评价单证要求的统一性。

（二）使用国际标准

国际标准①采用率低是影响贸易便利化的重要因素之一，各国应该采取措施，如通过立法与国际标准接轨、鼓励行业制定与国际标准相衔接的标准，以促使国际标准的普遍使用。早先的国际贸易便利化援助主要集中在统一产品标准方面，如美国针对印度海关与贸易便利化的援助措施。本文所称“国际标准”不仅指国际上对商品名称、规格、质量等方面的统一规定，还包括某些“方法标准”，如海关估价所依据的标准等。

在进出口和过境手续、程序的办理过程中，若能最大化地使用国际标准，无疑会提高海关的工作效率，同时为当事人节省报关、结关时间省去大量手续上的麻烦。但是由于国际标准主要是参照发达国家的各类标准制定的，不可能迅速在发展中国家和最不发达国家实施，因此，为提高贸易的便利程度，应该鼓励发展中国家和最不发达国家结合国情，尽可能地适用现有国际标准，从而逐渐参与到国际标准的制定和审议之中。

以世界海关组织 1983 年制定的《商品名称及编码协调制度的国际公约》为例。《商品名称及编码协调制度的国际公约》是世界海关组织在 1983 年主持制定的一部统一商品分类编码的公约，主要用于海关、进出口管理和国际贸易等。虽然科技进步为国际贸易便利化带来了前所未有的便利，但是随着经济全球化的不断深化，各国各地区之间的贸易往来更加频繁，这就对贸易便利化水平提出了更高的要求。能否深度简化报关程序不能完全寄希望于科技的发展，最大的阻碍在于各国在商品名称、编号、衡量标准等方面的差异：一是一国之内没有实现货物和物品衡量标准的统一化；二是国家之间对货物和物品的检验标准存在差异。就报关程序而言，它是单向的，如果国内标准不统一，就有可能出现同一商品在一国不同海关报关时一方接受申请一方退还申请的情况。也就是说，首先要在一国之内统一商品的规格标准，才能真正的为

---

① 国际标准主要包括国际标准化组织（ISO）制定的和确认的标准，ISO 确认的标准主要来自其确认的国际组织制定的标准，如国际计量局、国际种子检验协会、国际海关组织、国际航空运输协会、国际葡萄与葡萄酒局等 40 多个国际组织。

贸易者提供便利化。

此外，从海关的角度来讲，各国海关在很多方面也存在标准不一的状况，如“海关估价”。海关关税征收一般采用从价征税的方式，各国海关估价所依据的标准目前主要有两种：一是按“正常价格”；二是按“进口货物的成交价”。“正常价格”出自1950年的《海关商品估价公约》(Convention on the Valuation of Goods for Customs Purpose)[①]，又称“布鲁塞尔估价制度”，它的弱点在于留给缔约国的自由裁量权过大，导致其在适用和解释上存在较大差异。由于“正常价格”受到美国、加拿大等国的反对，缔约国随后在1979年的东京回合谈判中达成了《关于实施〈关税与贸易总协定〉第七条的协议》(又称《海关估价守则》)[②]，《海关估价守则》规定了海关估价的依据是“进口货物的成交价”。1993年，在乌拉圭回合中又达成了《关于实施1994年关贸总协定第七条的协定》(通称《WTO海关估价协定》)，该协定奠定了国际海关估价所依据的程序和标准，[③]进一步完善了1979年《海关估价守则》的估价原则，重申了以“进口货物成交价”为依据的估价标准。进口货物成交价更符合国际贸易的实际，能够防止海关利用多样的估价依据来增加贸易税收壁垒。[④] 目前国际上仍有一些国家采用的是“正常价格”，也就自地形成了估计依据的两大阵营，因此，如何促成海关估计依据的统一是贸易便利化要解决的重要问题。

---

① 同年12月，各国在布鲁塞尔签署了《设立海关合作理事会公约》，海关合作理事会于1952年正式成立，是现在世界海关组织的前身，世界海关组织目前拥有177个成员方，在全球海关规则、标准和政策的统一方面发挥着重要的作用，其中就包括海关估价标准。See Damon V. Pike, *Interview with Ian Cremer*, Technical Officer (Valuation), World Customs Organization, 12 Corp. Bus. Tax'n Monthly 17, 2011, p. 17.

② Agreement on Implementation of Article Ⅶ of the General Agreement on Tariffs and Trade, done April 12, 1979, MTN/NTM/W/229/Rev. 1, reprinted in Agreements Reached in The Tokyo Round of The Multilateral Trade Negotiations, H. R. Doc. No. 153, 96th Cong., 1st Sess., pt. 1, at 3 – 65 (1979). see H. DE PACTER & R. Van Raan, The Valuation of Goods for Customs Purposes, *Intertax*, Vol. 9, 1981.

③ See 80 Fed. Reg. 2015, p. 34924.

④ See Izumi Hara, Canadian Customs Valuation: Moving toward Compliance with the MTN Code, *Law and Policy in International Business*, Vol. 16, 1984, pp. 1051 – 1078.

三、特殊货物通关程序

除了对一般报关程序的简化之外，海关还有一些针对特别货物的优惠措施，“一带一路”沿线国家若能有效运用这些措施，将进一步提高自身的贸易便利化水平。

（一）快运货物

快运货物一般要求时间短、速度快，可以说时间就是竞争力。例如，商业快递、国际快递等国际快运业务对通关或者口岸操作都有时间上的要求。在遵守海关常规程序要求的基础上，①一般对快运货物都会给予一定的通关便利措施，一是尽可能减少单证和手续的要求；二是尽快放行。

单证和手续措施主要是对一国海关的义务性要求。海关所需单证应以快速放行货物或结关为目的，不得要求提供重复性的，或者与快速放行或结关无关的单证，或办理此类手续。《贸易便利化协定》第10.1.1条还要求，提供的单证或者办理的手续应当考虑当事人的守法时间和成本，在能够实现海关政策目标的多种措施中，应该选择对贸易商限制最小的措施。

只要贸易商在货物抵达前提交了放行所需信息，都可以享受尽快放行的待遇。这与一般货物抵达前业务办理措施有相似之处，唯一的不同是，快运货物所提交的手续可能比一般货物要更加简化，甚至可以根据一次性提交的信息放行。《贸易便利化协定》第7.8.2条还提出了扩大“减少手续”和“尽快放行”这两项措施的适用范围，认为其适用于任何重量或价值的货物。此外，在条件允许的情况下，对“微量货值”或“应纳税额”免于征收关税和国内税的这一措施也是“一带一路”贸易便利化建构的努力方向之一。

从权利义务对等的层面来讲，快运货物的申请人可能需要以承担相应的义务为条件，如提供快运货物处理的相关基础设施、支付海关服务费

① 常规程序包括海关对快运货物的查验、扣留、扣押、没收、拒绝入境或后续稽查等。

用、对快运货物进行技术追踪和控制、提供从货物提取至货物送达的快速运输设施等。这些要求均来自《贸易便利化协定》第7.8.1条的规定，对各国快运货物放行都具有指导意义。

（二）易腐货物

易腐货物[①]包括动物性和植物性两类。由于易腐货物对运输条件和储存条件都有较高的要求，因此易腐货物的通关程序有别于一般货物和快运货物。

由于易腐货物对储存条件和时间的要求较高，海关都会尽可能以最快速度放行，也会在工作时间之外对易腐货物特别放行。

放行时间一般会受到查验等手续的影响，简化手续和在抵达前提交信息是易腐货物通关便利的必修课。此外，海关一般都会对易腐货物优先进行查验，以便在尽可能短的时间内放行，这一措施区别于快运货物。优先查验是国际海关给予易腐货物的一项普遍待遇。在通关过程中可能有多次查验，如报关时的查验、通关后的稽查等，是否在每一次查验时都应给予易腐货物优先权？根据《贸易便利化协定》第7.9.2条的规定，在安排任何可能要求的查验时，应适当优先考虑易腐货物。如何理解这条规定？在任何查验时，优先考虑易腐货物是原则，但何为适当考虑？笔者认为，一是优先查验易腐货物不能对海关某些工作造成影响，不能给整个查验造成延迟；二是要把握易腐货物的保存状况和保存时间，在无迫切需要或者海关不便优先查验时，可以适当调整查验顺序。

从“在可能的最短时间”[②]“在适当的例外情况”[③]“任何可能要求的查验”[④]等措辞可以看出，《贸易便利化协定》采用了双重强调的方式，既

---

① 《贸易便利化协定》对易腐货物的定义是指由于物品的自然特性而迅速腐烂的货物，特别是在没有适当储存条件的情况下。See Agreement on Trade Facilitation, World Trade Organization, July, 2014, p. 11, footnote 10.

② See Article 7.9.1(a) of Agreement on Trade Facilitation, World Trade Organization, July 2014.

③ 同上, Article 7.9.1(b).

④ 同上, Article 7.9.2.

要求成员方对易腐货物尽最大努力给予特别照顾,又建议成员安排或允许进口商对放行前的易腐货物进行妥善储藏,以保障易腐货物能够在无损的状态下顺利通关。《贸易便利化协定》对“一带一路”沿线国家易腐货物的通关有指导价值。此外,对于易腐货物也应该明确建议贸易商在货物抵达前提交必要的审查信息,并明确建议海关不得要求提交重复或者与易腐货物放行无关的单证;鼓励易腐货物贸易企业参与 AEO 认证制度,形成快速放行的良好基础;建立易腐货物放行的担保机制,以便实现紧急通关;明确建议进口商安排易腐货物的储藏设施,以保障放行前易腐货物所需的储藏条件。

第二节　海关担保在通关措施简化中的功用

一、海关担保制度的法律性质

担保是履行承诺、债务等具体事项的一种保证,适用范围较广。传统意义上的担保源自民事法律制度,是债务人担保债务履行的一种方式。19 世纪初期,为了提高海关通关效率,法国首次将担保制度引入了海关事务之中。自海关担保制度诞生以来,关于海关担保的定义一直未有明确的阐释,立法和学理上的探讨都存在些许的差异。立法上,有些国家简单明了地指出海关事务担保是为了保证债的清偿,如欧盟;①有些国家的海关立法并没有对担保进行界定,而仅从担保的功能阐述设立担保的用意,如“一带一路”沿线的越南;②《关于简化和协调海关业务制度的国际公约》(以下简称《经修订的京都公约》)附约中对海关担保的定义是:“指向海关保证履行一项海关义务并经海关认可的担保。”这个定义规定得较为简单,仅说明其是义务履行的一项保证;我国《海关法》没有对海关担

① 欧盟《海关法典》第 189 条。

② 越南《海关法》第 25. 2. b 条规定:“在规定的期限内尚未支付或者未足额支付税款的,允许有诚信的机构或其他组织通过银行业务提供相应的担保,但根据税法规定进出口中有权享受宽免期的税款除外。”

保下定义，目前国内立法上的概念主要来自《海关法释义》，即海关担保，是指海关申请从事特定经营业务或办理特定手续的当事人自己或有权第三人，以现金、实物或保证函等财产、权利，保证在一定期限内履行其承诺义务的法律行为。[①] 相对来说，《海关法释义》中的概念较为完善，规定了提供担保的主体、担保物的种类、担保的用途。

目前，学者们对海关担保概念的研究较少，在概念界定上也各有侧重，主要的差异体现在，一些学者将海关担保局限在进出口货物方面，[②]这就骤然间缩小了海关担保的适用范围。进出口报关包括货物、物品、运输工具，海关担保作为贸易便利化的一种手段不应该仅仅局限于货物进出口；一些学者在概念中突出了海关担保的行政监管色彩，[③]这种界定方式忽略了海关担保制度的私法性和简化通关程序的功能。

笔者认为，海关担保制度作为平衡“严密监管”和“贸易便利化”之间关系的有效手段，不仅仅是海关单方的一种行政监管行为，还应当包括进出口当事人的能动性参与。海关担保的概念不仅要能体现出其具有“保证义务履行”的功能，也要能反映出其法律性质和便利通关的功能。

海关担保的法律属性不能单纯地被认定为归属于公法或者私法，因为一个执法行为或者说执法行为的某一方面一定具有独立且唯一的居于主要地位的属性。[④]

民法中的担保产生于先前的合同关系，在海关担保制度中，虽然不存在民法意义上的合同关系，但有学者从海关担保的对象（税收）进行分析，认为海关担保的基础是国家与纳税人之间的债权债务关系，因此适用

---

① 参见卞耀武：《中华人民共和国海关法释义》，法律出版社2001年版，第115页。

② 如郑跃声就认为海关担保是指与货物进出口相关的……保证其行为的合法性和在一定期限内履行其承诺的义务的法律行为。参见郑跃声：《海关法律概论》，中国海关出版社2002年版，第115页。

③ 莫伟东认为海关事务担保是指符合一定条件，由进出境活动当事人或海关认可的第三人向海关提供的在一定期限内履行其承诺义务的特殊保证，经海关同意后可从事某项活动的海关监管法律制度。参见莫伟东：《现代海关担保制度的法律思考》，载《法商研究》1995年第2期。

④ 参见石少侠、车震震：《论海关事务担保法律性质的认定及其意义》，载《当代法学》2013年第1期。

于民事法律关系中的担保制度,海关事务中的担保制度与民法上的担保具有异元同根的共性,即私法性。[①] 这种观点在现代海关制度,特别是在海关程序简化的改革中有重大意义。自担保制度被引入海关事务以来,该制度在实际的运用中就带有浓重的行政监管色彩。海关担保在很多情况下是依海关的单方要求执行的,当事人在整个过程中几乎没有意思自治的空间,虽然强制性的海关担保既保证了税收的缴纳,也提高了通关的效率,但与现代管理理念相去甚远,忽视了多方协商机制在海关事务管理中的作用。从海关行政管理职能的角度来讲,海关担保制度在某些方面的确属于行政法律关系。如在上述概念辨析中,就有学者强调海关担保的行政监管性。这种行政性源自当事人提供的担保须经海关认可这一程序,但认可仅仅属于海关担保程序中的某一个环节,其影响力不足以定性整个海关担保制度。将海关担保制度定性为私法或公法都是片面的,将其概括性地定性为公私混合性也缺乏准确性。如前所述,海关担保过程中的执法行为或者执法的某一方面应该是具有独立且唯一的居于主要地位的属性,因此,海关担保不仅仅是海关执法监督的便利手段,也应该体现着当事人寻求通关便捷的私人诉求。

二、海关担保的一般国际规则

海关担保的国际规制主要来自世贸组织下的 WTO 规则和世界海关组织制定的《经修订的京都公约》与《全球贸易安全与便利标准框架》。WTO 下的海关担保制度可以追溯至 GATT 1994 的相关规定,以及最新的《贸易便利化协定》。世界海关组织为提高通关效率、保障贸易安全,分别于 1973 年、2005 年制定了《经修订的京都公约》和《全球贸易安全与便利标准框架》。

(一)《经修订的京都公约》

1973 年《京都公约》的担保制度散见于各附约之中,如《关于货物结

---

① 刘淙:《浅谈海关担保制度中不可忽视的几个问题》,载《江苏海关学会 2001 年度获奖论文专集》。转引自石少侠、车震震:《论海关事务担保法律性质的认定及其意义》,载《当代法学》2013 年第 1 期。

关内销的附约》和《关于申报内销货物免征进口各税的附约》。为利用电子信息技术等现代化手段，进一步提高通关效率，海关合作理事会于1999年对《京都公约》进行了修订。修订后的公约由总附约和专项附约构成，修订后的海关担保制度分别规定在总附约第五章和各专项附约之中。第五章采用了7条标准条款，对缔约方的海关担保制度进行了规制，并规定缔约方不得对这7项标准条款提出保留。

1.缔约方的立法自主权

《经修订的京都公约》中有关担保的规定虽然均为标准条款，但均为原则性的要求，并没有对担保的具体事项进行规定，这是因为充分考虑到了各国担保制度和差异等因素，但往往一国关于海关担保的立法必须列明要求提供担保的情形，并具体规定担保的提供形式。① 这样要求的目的是确保贸易商能够明确获知担保的提供情形和方式，以避免模糊的立法在实践中造成繁琐的解释问题，影响海关手续办理效率。此外，明确的立法也是贸易便利化对海关事务信息透明度的要求。

为了进一步简化海关手续，减轻海关担保手续造成的程序负担。《经修订的京都公约》第五章第4条还规定，如果国家立法认为在海关能够确信而且国内法也认为可以不提供担保时，海关不得要求贸易商提供任何形式的担保。② 担保制度虽然能够提高通关效率，但并不意味着可以任意使用，在某些法定要求可以不提供担保的情形下，若要求提供担保以加快货物放行速度，担保制度反而成了一种“程序负担”，因此，该标准条款就意在限制海关滥用担保制度。

2.海关的自由裁量权

根据《经修订的京都公约》第五章第2条的规定，缔约方海关应确定担保数额。③ 这里的“确定”有两种可能性：一是缔约国海关根据具体通

---

① 1999年《京都公约》第五章第1条：“缔约方国内立法应列明需要提供担保的情形，并应明确担保的形式。”

② 同上，第4条：“当缔约国国内法有所规定，在该国海关认为某项应对海关履行的义务将来会被完全履行时，海关不应再要求相关主体提供担保。”

③ 同上，第2条：“缔约国海关应决定担保的数额。”

关事项进行评估计算而得到的担保数额;二是缔约国海关事先对某些通关事项确定的担保数额。海关担保作为一种简化通关手续的制度,其并不要求也没有必要要求各国海关采用一致的担保数额确定标准,因此,各国海关确定担保数额的方法和结果存在差异性,但这并不影响海关担保制度在提高通关效率中的积极作用。

虽然海关担保制度的立法权和数额都确定由缔约国自主决定,但第五章第6条对担保数额作了原则性的要求,即所要求的数额应尽可能低,而且某些税费的担保数额不能超过其数额本身。① 这条标准性条款保证了担保制度的实际可用性,因为过高的担保要求可能会导致制度本身失效。对这一认识的理解有两个层面:一是贸易商无法或不能提供所要求的高额担保;二是过高的担保数额可能延长通关时间,因为贸易商需要筹备资金的时间。

关于总担保的接受问题,第5条规定,如果是为了保证海关所要求的义务得到履行,那么海关必须接受贸易商提供的总担保。这是一种互相给予便利的制度,也有利于减轻海关义务给贸易商造成的通关负担。此外,第5条还特别强调,必须接受关境内定期申报货物的申报人提供的总担保。其实,这是基于对在关境内不同海关办公机构之间定期申报货物的申报人信用的肯定而给予此类申报人的一种优惠。②

3. 尊重担保提供者的意思

一般来讲,一国关于海关担保的立法都会对担保的形式作出要求,且通常是以列举的方式给出,在某种程度上可以说限制了担保形式的范围,可能会对担保提供者造成不便。因此,《经修订的京都公约》要求缔约国给予担保提供者自由选择权,只要其选择的担保符合海关对担保形式的要求即可。③ 这使提供担保的形式具有了灵活性,便于担保提供者能在

---

① 1999年《京都公约》第五章第6条:“当海关要求提供担保时,所要求的担保金额应当尽可能低,当担保是为关税及其他国内税的支付而提供时,其数额不应超过其可能被要求支付的数额。”

② 同上,第5条:“当缔约国海关要求为海关某项程序中所应承担的义务提供担保时,特别是当进口方在一缔约国关境内经常办理清关手续时,海关应当接受以总担保形式提供的担保。”

③ 同上,第3条:“任何被要求提供担保的主体均应被授予选择提供何种被缔约国认可的担保形式的权利。”

最短的时间里获得用于担保的财产。正因为担保财产是贸易商资产的一部分,长期的占用必然会影响其资金的正常流动,可能会对贸易商造成某种经济损失,特别是数额较大的担保。因此,第五章第7条要求海关在确定义务已经被合法履行时,应"尽快"解除担保。[①]《经修订的京都公约》没有对"尽快"给出明确的限制,将判断的权力赋予了缔约国海关,这可能需要海关在实际业务中根据具体的担保事项进行合理的把握。同时,笔者认为,这一规定也反映了现代海关通关便利化改革的深层意义,即海关担保虽是提高海关效率的重要举措,但同时也要兼顾因担保财产可能会对提供主体造成的影响。

2018年6月,为了保障《经修订的京都公约》作为现代海关通关手续的圣经地位,世界海关组织政策委员会和理事会批准设立了全面审议《经修订京都公约》的工作组,该工作组将对公约的主要文本、附约(总附约和专项附约)等进行查看,以检查和监督公约的应用效果,引入稳健的公约执行监督机制,保证公约能够适应未来发展。目前,工作组已经就公约的关键性问题展开了研讨,目前正处于与成员方和各区域就公约的执行监督机制和海关能力建设等议题进行商讨的阶段。[②] 有理由相信,这次全面审议和修订能够进一步推动海关措施的简化,促进各国海关之间的合作,笔者将对这一动态给予持续关注。

(二)WTO下海关担保制度

根据《关于实施GATT 1994第七条的协议》第13条的规定,在海关决定延迟估价的情况下,进口一方可提供担保申请对货物先予放行,但提供的担保要足够充分,以便能够足额缴纳相应的关税。从该条规定可以看出,申请担保的主体是进口方,担保事项也被限定在关税的缴纳上,而且担保的方式也较为单一,只规定了保证、保证金和其他合适的方式。

GATT 1994第8条(规费和输出入手续)、第9条(原产国标记)、第

---

① 1999年《京都公约》第五章第7条:"当海关担保已经被提供时,在海关确定要求提供该项担保的义务已经被合法履行时,海关应当尽快解除该担保。"

② 参见朱秋沅:《〈经修订的京都公约〉正在经历什么——全面审议》,墨丘利评论,载微信公众平台:https://mp.weixin.qq.com/s/n8ihyDOjpEXIwlkgUu8-jQ,最后访问日期:2019年4月8日。

10 条(贸易条例的公布与实施)虽然没有直接提到海关担保制度,但与海关担保制度的运用有着紧密的联系。

GATT 第 8 条用于规范进出口的程序和费用,规范的目的在于简化、减少不必要的手续和费用,以便通关更加便利。海关担保制度就是为了防止和避免因海关手续而造成通关延误,因此,二者在目的上是一致的,海关担保适用于进出口手续的简化。

原产地不明确是要求提供担保的情形之一,GATT 第 9 条对原产国标记的要求可利用海关担保制度来降低通关中的延误率。要指出的是,第 9 条规定原产国标记不符合要求时不得征收特税和苛以处罚,海关担保制度作为一种保全措施或者担保措施,其性质不同于税收债的性质和单纯的行政处罚行为。

GATT 第 10 条类似于对透明度的规定,该条主要是对海关估价、税率、费用、进出口管理和限制作出的规定。海关担保制度是提高通关效率的一项措施,或者说是条例性的规定,成员方应该对其具体内容进行及时公布,以便进出口当事人及时掌握担保的详细事项,迅速安排,顺利通关。

(三)《贸易利化协定》

《贸易便利化协定》明确将海关担保作为货物放行与税费①确定相分离的一种制度条件,规定了海关担保制度在贸易便利化中的作用机制和适用限度。

1. 担保事项

《贸易便利化协定》第 7.3.2 条规定:“作为放行条件,成员可以要求支付在货物抵达前或抵达时确定的关税、国内税、规费及费用,对尚未确定的任何数额以保证金、押金等形式或其法律法规规定的另一适当形式提供担保。”换句话说,只有在相关税费数额在抵达前或抵达时没有确定的情况下,才会启动海关担保程序,以确保货物放行与税费最终确定相分离,提高货物放行的速度和效率。因此,海关担保的事项是货物抵达前或抵达时尚未被确定的关税、国内税、规费和费用。

---

① 这里的“税费”包括关税、国内税、规费和费用。

除上述事项之外，根据《贸易便利化协定》第7.3.4条的规定，还能够担保因违法行为可能被实施的处罚和罚金，这里的处罚是指应予的货币处罚。其实，该条的担保事项也是为了保证货物放行能与税费确定相分离。因为海关在货物抵达前就开始处理进口舱单和其他必要信息，一旦发现有违法行为，按照传统的方式必然要对该进口货物和相关事项实施进一步查验等，货物的放行时间会因此受到延误。《贸易便利化协定》的这条规定充分考虑到了影响货物放行效率的情形，将违法行为引起的货币处罚或罚金纳入了海关担保的范畴。

2. 海关担保的作用机制

海关担保制度作为便利货物放行的一种手段是如何提升贸易便利化水平的呢？如前所述，由于存在货物抵达后不能及时确定相关税费和应予处罚的违法情况，为了避免因此造成货物放行延误，海关要求以提供担保的方式来换取货物的及时放行，所提供的担保的实质就是对金钱之债的担保，因为海关税费、货币处罚以及罚金的本质是金钱，而并不涉及对放行货物风险的担保，因为潜在的违法行为或危险不在担保的范畴之列。

海关担保除了在货物放行与税费确定相分离中的直接作用外，还能在AEO制度中起到间接的认证作用。AEO是“经认证的经营者”（Authorized Economic Operator，AEO）[①]的英文缩写，AEO作为国际海关组织确定的一项便利化制度，已经被大多数国家的海关立法采纳，经认证的经营者享有区别于一般规定的贸易便利化政策和一定的优先权。[②]《贸易便利化协定》第7.7.1条就规定可以为经认证的经营者提供与进口、出口或过境手续相关的“额外”的贸易便利化措施。第7.7.3条列

---

① 《全球贸易安全与便利标准框架》对“经认证的经营者”定义是：以任何一种方式参与货物国际流通，并被海关当局认定符合世界海关组织或相应供应链安全标准的一方，包括生产商、进口商、出口商、报关行、承运商、理货人、中间商、口岸和机场、货站经营者、综合经营者、仓储业经营者和分销商。

② See Bruno Zeller, Bill Cole, Australian Trade Agreements-A Divergence between Trade Policy and Business Outcomes-Can They Deliver Trade-Related Growth for Australia, Global Journal of Comparative Law, Vol. 3, No. 2, 2014, p. 244.

举了多项可被采用的便利措施,而且要求至少给予 3 项,如酌情降低单证和数据要求、酌情降低实际检查和审查比例、酌情加快放行、延迟支付相关税费、使用总担保或减少担保、在特定时间内对所有进出口项目一次性申报等。而在经营者的认证条件中,《贸易便利化协定》将“能够提供足够的担保或保证”作为了在某些情况下对经营者财务偿付能力的一种判断标准。可见,海关担保制度对贸易程序既有直接的简化作用,也具有间接的促进作用。

《贸易便利化协定》关于货物进口放行部分规定了提供的担保形式包括保证金、押金、成员方法律法规规定的其他形式。在过境运输部分,第 11. 11 条则规定,成员方可以要求以保证金、押金、或其他适当货币或非货币的形式提供担保,放宽了担保的提供形式。而且,在不需要时,对货物进口放行提供担保仅规定了“予以退还”,对过境运输所提供的担保则规定了“立即解除”。此外,在使用总担保的问题上,货物进口方面只规定了经认证的经营者可以享有该便利,而过境运输中则没有对经营者的资质作出限定,且允许将担保展期转为对后续货物的担保,以省去程序上的麻烦。这体现出海关担保制度在“货物进口放行”与“过境自由”上的差异性。相同的是,都规定了所提供的担保以所产生的要求为限,不得高于所需金额,这与《经修订的京都公约》的要求是一致的,即强调担保数额的适当性,以防止不当的数额要求加重经营者的负担。

第三节　贸易便利化与各国海关执法合作

一、边境执法合作的主要内容

本章所称的边境执法,是指边境口岸查缉和海关监管等与贸易相关的执法活动,而不同于纯粹的边防执法行为。本节主要分析边境执法合作中海关、企业、国内相关机构的角色定位,以及开展边境执法合作的缘由。边境执法合作的目的有二种,一是保障贸易安全,二是促进贸易便利化。贸易安全与贸易便利化既统一又相悖。为了防止贸易便利化带来的贸易隐患,必须改善传统的海关监管方式,从各国单独监管,变为信息共享、联合执法。

海关执法是指海关依据国内相关法律法规(包括签署的国际条约)的规定,对进出境的运输工具、货物和物品按照法定程序进行检查、查阅,并配合公安机关稽查走私犯罪的监管行为。海关执法的主要板块是监管,监管的主要方式是核对申报信息的真实性和准确性,监管的目的是防止进出境货物和物品与申报信息不一致,以及在货物中夹杂违法违禁的物品。缉私工作主要由专职缉私警察负责,强制措施包括侦查、拘留和逮捕。海关在缉私工作中属于协助的角色,一般负责组织、协调和管理。在特殊情况下,海关也具有一定的扣留权。

海关在查询、检查、稽查等执法过程中需要核对货物和物品的相关数据和其他基本信息。传统海关执法需要进行双重检查,即货物要经进出口两次申报检查,这种方式在一定程度上造成了海关执法资源的浪费,而且拖延了货物进出口的报关时间,无形中增加了贸易商的交易成本,不利于贸易便利化的推行。为了改善这一现状,国际上很多比邻国之间建立了联合执法的机制,通过相互承认执法结果的方式缩短了通关时间。海关执法另一个需要改善的地方是信息交换体系,信息传输的准确性和真实性是保障货物跨境流动安全性的关键所在,而高效便捷的信息交换或者信息共享体系则能保障“互认制度”可操作性,进而提升贸易便利化水平。在这一系列简化海关监管方式的措施下,还需要关注海关执法的公正性问题。因为整个简化设想依赖于货物在第一次报关时能否得到良好的检查,出口国海关能否将相关信息如实且准确地传输给其他海关,因此,需要加强对海关执法的监督,否则放松的监管制度可能成为滋生海关腐败的温床。

《经修订的京都公约》及《关于简化和协调海关制度的国际公约修正案议定书》(以下简称《京都公约议定书》)是国际社会在简化和协调海关程序制度方面作出的两次重大努力。与《经修订的京都公约》相比,《京都公约议定书》在前言部分对简化和协调海关程序提供了更加细致的原则性指导。[1] 总体可以归纳为四点，一是提高海关制度的透明度，具体包括实施方式的透明度、法律法规和管理制度的透明度。二是加强各方合作，即加强与通关程序涉及的国内机构、外国海关等的合作。三是实施统一标准，包括执行相关国际标准，和统一国内相关标准。四是简化进入审查的程序，这为世界各国简化海关程序制度提供了标准和范式，极大地推动了世界海关现代化进程。近年来，各国都在极力发展本国海关体系现代化建设，欧盟2013年通过了新《欧盟海关法典》，对简化海关程序、加强海关执法合作、完善统一数据系统建设等作了进一步安排。这三个方面如能得到充分的建设，便能为贸易通关提供前所未有的便利，极大地提高海关的工作效率。

贸易商知法、守法是海关执法不可忽视的一个环节。目前通关程序尚未统一，各国甚至一国的各口岸在通关程序上都存在差异，对于贸易商而言，如何快速准确地了解报关口岸的相关制度就显得十分重要。“普法”既是提高海关事务规则透明度的要求，也是边境执法合作的基础。《贸易便利化协定》第12条(海关合作)就对成员方施加了普法义务，即需要保证“贸易商知晓守法义务，并鼓励自愿守法以允许进口商在适当情况下自我纠错而免予处罚以及对违法贸易商适用守法措施”是有意义的。[2] 对应脚注对这条规定的解释是：“为了降低违法行为的频率，从而减少为执法而交换信息的需要。”这一点对安全、顺利、高效的通关而言非常重要，也对丝路沿线国家海关执法水平提出了新的挑战，即海关执法不再是单方面的检查、稽查等措施，而是需要对贸易商进行守法教育，从而降低海关检查过程中违法现象的发生率。守法的前提是知晓法

---

① 1999年《关于简化和协调海关制度的国际公约修正案议定书》前言：“……实施旨在使海关制度及做法持续现代化的计划并由此增强海关管理的效率和有效性；以可预见的、一致的、透明的方式实施海关制度及做法；向有关各方提供有关海关法律、法规、规章、管理指南、制度及做法等一切必要信息；采用诸如风险管理和稽查等现代技术，最大限度地应用信息技术；尽可能地与国内其他机构、其他国家的海关机构和贸易界合作；实施相关的国际标准；向当事方提供易于进入行政和司法审查的程序……”

② See Article 12.1.1 of Agreement on Trade Facilitation, World Trade Organization, July 2014.

律,因此,海关有义务将海关事务法律法规和政策以最容易获取的途径告知贸易商,防止贸易商为查询信息而浪费时间,或因不知道相关规定而造成不必要的程序延误,其中,最简便易行的方式就是建立海关查询系统——贸易商可以通过手机下载相应的APP的来查询进出口税则、化验进度、海关归类化验等信息和数据,从而减少人工询问的成本,免去人工问询过程中的等待延误。对于自觉遵守法律的贸易商可以给予适当的优惠政策,并以免于处罚等方式鼓励自行纠错。正如上述《贸易便利化协定》所言,这种激励机制的目的不仅在于降低违法频率,而且在于减少执法中的信息交换,从而提高通关效率,降低贸易成本。

二、“一带一路”沿线国家对海关国际合作模式的探索

为保障进出口贸易的安全并促进贸易便利化,各国在边境贸易执法方面的合作逐渐深化,尤以比邻国和区域性合作为主。本节意在探讨贸易便利化改革中边境执法的可行方式及其法律基础。

(一)合作的法律基础

在大型的走私案件中,常会采取国际执法联合行动,一般由海关与警方协同执法。近年来,为了提升贸易便利化水平,各国都在积极寻求国际合作的方式打击走私犯罪。东南亚地区分布中众多“一带一路”沿线国家,东南亚地区的毒品交易十分猖獗,是国际毒品走私的主要源头。为了保护贸易安全,提升贸易便利化水平,东南亚各国政府与很多国家都签署了人员货物过境运输协定,或达成了口岸合作备忘录,如区域性的合作协议《大湄公河次区域便利人员与货物过境运输协定》,[①]双边性的泰国与老挝口岸合作备忘录(MOU)。这些合作协议是执法信息交换、人员交流和共同监管区的设立的法律基础。泰国和老挝在《大湄公河次区域便利人员与货物过境运输协定》的基础上,又于2005年达成了口岸合作备忘录,泰国、老挝经过多年的努力于2016年在莫达汉口岸和沙湾拿吉口岸

① 2002年12月中国正式加入该协定。参见国际物流与运输学会中国分会湄公河区域委员会大湄公河次区域物流研究中心官网:http://www.gmslogistics.org/php_old/article.php?id=164&language=1,最后访问日期:2019年2月16日。

设立了共同监管区,开始试点运行。

双边、多边以及区域合作协议是海关进行国际合作的基础,为了提升贸易便利化水平,改善边境执法方式,各国或多或少都与邻国或者其他国家签订了某些方面的合作协议,如行政互助、AEO 互认等。我国在深化国际海关合作方面取得了很大的进展,目前中国海关总署已通过签署合作备忘录和行动计划的方式,分别和美国、欧盟、俄罗斯、日本和韩国海关正式建立了保护知识产权的合作机制,与“一带一路”沿线国家也在积极达成各项边境执法合作计划。

随着《贸易便利化协定》的生效,成员方规模也在逐渐扩大。作为国际性的多边协定,《贸易便利化协定》有助于在全球范围内指导各国海关开展国际合作。该协定第 8 条规定了边境机构合作的内容,其中第 2 款是关于边境执法的国际合作,即建议成员方在可行的范围内,与共同边界国家根据“共同议定的条款”展开合作。显而易见,《贸易便利化协定》并没有制定普适的国际合作框架,也不可能制定普适的边境合作规则,但是,对于其成员方和非成员方来讲,协定都具有指导意义。该协定第 8.2 条在合作内容上的建议为各国合作提供了思路,如协调海关和边境机构的工作时间、协调通关手续、联合监管、一站式监管等。

无论是设置共同监管区还是实行监管互认制度,法律文件都是合作的基础,也是合作的前提。虽然多边协定已经生效,但仍有很多国家没有加入。而且,从上述分析可以看出,协定的内容在很多方面都属于建议性的,对国家如何开展合作仅具有指导作用,具体的实施规则仍有待国家之间进行谈判和协商。双边性(包括共同边界国家和不相邻的国家之间签署的双边合作计划)和区域性的合作依然是最易谈判和最易形成合作共识的方式,如签署双边性、或区域性的过境运输协定、联合执法计划、合作备忘录等。这些协议是“单一窗口检验”(Single Window Inspection, SWI)①、“一站式查验”(Single Stop

① 对于高危通关货物和物品,由海关、边检和警察实行同时查验。

Inspection,SSI)①、跨境执法、监管互认、信息互换、执法互助等合作机制的法律基础。

(二)海关执法的合作机制

从上述《贸易便利化协定》建议的内容来看,海关执法的国际合作方式可以归纳成为两类。一是设置共同监管区。共同监管区融合了工作时间协调、程序和手续协调、设施共享、联合监管和一站式边检等合作内容,可以说是最理想的监管方式。二是监管互认。监管互认既可以适用于有共同边界的国家,也能适用于不相邻的国家,而共同监管区制度已经开始在“一带一路”沿线的东南亚国家开始推行。

1. 设置共同监管区

共同监管区比较适合在比邻国之间设立,要求由两国共同划出专门供双方联合查验的区域。共同监管区是实施 SWI 和 SSI 这两种制度的基础设施保障。② 共同监管区配置海关关员、边检人员和边境执法人员,由两国的三方机构实行联合执法。共同监管区的最大优势是能够实现一次查验,也就是说,被认定为高危的运输工具、货物和物品不用分别接受海关、边检和缉私警察的查验,而应由三方在共同监管区进行同时查验,且同时查验的人员中既有进口国海关也有出口国海关,这样就有效地保障了查验结果互认的可行性。

共同监管区的运作机理是:先由两国分别在口岸附近设立共同监管区,互派执法人员,当发现货物、物品和运输工具存在风险时,出口方直接放行,由双方执法人员在进口方设立的共同监管区进行联合查验,这样就能避免两国分别查验的重复手续。笔者认为,共同监管区也应该结合监管结果互认制度,对于不存在风险的货物和运输工具,进口方只需对监管结果进行审查即可,这样也能省去外派执法人员的成本;一旦发现存在风险的货物和运输工具,则采取外派执法人员在进口国共同监管区进行联

① 是指比邻国通过互派关员,实行联合执法,共同查验,结果互认,从而减少查验次数。

② SCC 贸易便利化创新团队:[国别报告]《湄公河上,友谊桥边——泰国与老挝海关设立共同监管区》,载微信公众平台:http://mp.weixin.qq.com/s/vnywoh3rK7GBXD4Xe6pbiw,最后访问日期:2019 年 1 月 21 日。

合执法的方式,一次查验。

2. 监管结果互认

监管互认是指通过互换信息数据,经一国海关查验的货物、物品和运输工具在另一国海关不用再次查验,以此达到一次查验和快速放行的目的。例如,我国与俄罗斯进行了监管结果互认合作,在东宁口岸和波尔塔夫卡口岸等口岸率先进行了试点,大大缩短了通关时间,降低了企业货损成本支出。

监管结果互认需要信息共享体系、质量和安全认证平台等措施之间的有效配合。监管结果认证并不是根据双方之间的互认协议,互认协议仅仅是两个口岸之间推行结果互认的基础。海关在进行结果认证时要结合贸易商的资质(如 AEO 认证)、商品质量的认证信息、备案信息和对方监管的结果等进行综合分析,才能决定是否认可对方的监管结果,一旦发现异常就要及时进行通知,对监管盲点进行复核。除了上述两种深化合作的机制外,国际海关之间也可以通过信息共享、信息互换和执法互助等方式进行合作。

如前所述,由于“一带一路”沿线国家的贸易现代化技术水平参差不齐,大部分国家的信息技术和网络建设能力有限,而且沿线国家之间也存在政治、经济、文化等多方面的分歧,故很难在短时间内实现技术上的提升,以及相互之间的信任。

三、国际海关合作模式对“一带一路”沿线国家的启示

海关与其他主体之间的合作是指海关与企业(包括国内企业和外国企业)及国内相关机构之间的协调,目的在于简化通关手续,提高通关效率。

(一)海关与企业之间的合作

2005 年世界海关组织制定了《全球贸易安全与便利标准框架》(以下简称《标准框架》)。《标准框架》确立了四项核心要素、两大支柱和 17 条标准。其中,第一支柱是海关之间的联网合作,这在上述部分已经论述;第二支柱是海关与商界伙伴的合作,即 AEO 认证制度。

AEO是对“经认证的经营者”(Authorized Economic Operator,AEO)的简称。经过海关认证的企业可以在通过时享受免检和快速通关等优惠措施,AEO制度能够在有效保障供应链安全的同时促进贸易便利化,是世界海关组织与企业[①]之间的一种合作互助措施。AEO认证是2005年世界海关组织制定的《标准框架》下“第二大支柱”的核心内容。

目前,全球范围内有40多个国家和地区已经开始全面实行AEO认证制度,国家之间也在不断努力进行AEO互认,签署互认协议(AEO MRA)。这样一来,各经济体已经认可的经营者或经济营运商便可获得对方的通关便利待遇。因此,“一带一路”贸易便利化的推进需要高度重视AEO互认。

根据海关总署的消息,我国目前已经与35个国家达成了AEO互认协议。[②] AEO互认能够有效降低经认证企业的查验率和通关时间,有助于企业降低通关成本。[③] 以大图们江地区为例,中国、俄罗斯、韩国和蒙古虽已经达成政府间合作,即大图们倡议(Great Tumen Initiative,GTI),但由于过去缺乏合作互动,该倡议的成员方对GTI的参与度并不高。随着“一带一路”倡议的提出,俄罗斯远东地区和中国东北的一些省份开始积极推进GTI的实施,以促进大图们地区贸易便利化水平的提高,韩国目前也在积极参与。GTI成员方目前面临的一个重要问题便是海关通关程序上的差异性和多样化,其中,俄罗斯和蒙古的AEO与世界海关组织的《标准框架》并不一致,因此,只有四个成员方与世界海关组织的《标准框架》相协调,也只有他们互相之间才有可能实现全面的AEO互认。

除此之外,海关还可以为企业提供政策咨询和海关业务指引等服务,

---

① 包括生产商、进口商、出口商、报关行、承运商、理货人、中间商、口岸和机场、货站经营者、综合经营者、仓储业经营者和分销商。

② 其中包括欧盟、新加坡、新西兰、瑞士、韩国、以色列、澳大利亚,以及内地与香港之间达成的AEO互认安排等。载中华人民共和国海关总署官网:http://www.customs.gov.cn/customs/302249/302425/749249/index.html,最后访问日期:2019年3月5日。

③ 根据海关总署的统计数据,我国企业与达成AEO互认协议的国家之间在货物查验率方面降低了60%~80%,通关时间和成本至少降低了50%。载中华人民共和国海关总署官网:http://www.customs.gov.cn/customs/302249/302330/302331/738567/index.html,最后访问日期:2019年3月5日检索。

与企业建立良好的合作和沟通关系，鼓励企业规范报关程序、遵守海关政策和法规，从而提升企业的诚信度，提高海关的监管水平。

（二）海关与国内机构之间的协调

税务部门、交通部门、联合金融机构等都与货物进出境有着某种程度的关联，自然会影响通关的效率和便利化水平。海关与这些部门进行资源共享、信息互换、联动执法，可以提升其综合监管能力，推进贸易便利化。一些国家的增值税和消费税分别由税务机构和海关进行征收，税务机构负责国内流通环节的征税，海关负责进出口环节的征税，因此，如果二者采用共同的征税税率，则不会出现同一商品在不同环节征税标准不一的情形。但是由于税务机构和海关对国家征税同一规则采取了不同的细化措施，就会导致同一商品在不同环节存在不同税率的情况。例如，由于实施细则是由海关和税务机关自行制定的，因此两个机构之间可以进行协商，协调各自制定的税收细则。海关通关便利化与交通运输具有非常紧密的联系，转关运输更是需要海关与交通运输部门的有效配合。如果海关与交通运输部门不进行沟通协调，就很可能会出现清关货物运输违反交通运输规则的情况，或者出现清关货物延迟运输的情形，从而加长货物运输时间，增加贸易商的时间成本。因此，海关与交通运输部门必须进行沟通，对工作时间和监管工作进行协调。通过信息共享、人员互派、定期交流等方式协调双方工作、达成合作共识。例如，2012 年中国交通运输部就与海关总署签署了合作备忘录，双方在船舶管理、水上执法合作、通关便利、危险物查验、船舶废弃物处理和水上应急处理合作等方面达成了合作共识，通过信息技术平台，对信息、基础设施等资源进行共享，在港口管理和通关放行等方面进行协调，建立了协调一致的联合执法机制。

第四章 “一带一路”贸易便利化与海关基础设施建设

《贸易便利化协定》要求加强海关通关基础设施建设与海关能力合作。通关基础设施建设是促进贸易便利化的“硬件”设施，而海关能力合作以及组织建设是促进贸易便利化的“软件”设施，各国在实施《贸易便利化协定》的过程中，对于这二者不可偏废。因此，为了促进贸易便利化的发展，应坚持以通关基础设施建设为前提，以海关能力建设为保障。

第一节 海关单一窗口平台建设

《贸易便利化协定》第10条旨在简化货物进出口程序。通过单一窗口平台，贸易商只需提供一次信息。①

---

① 《贸易便利化协定》第10.4条规定：“4.1 成员方应尽力建立或维持单一窗口，使贸易商能够通过单一入口点向参与当局或机构提交货物进口、出口或过境的文件和数据。参与当局或机构对文件或资料进行审查后，应及时通过单一窗口将结果通知申请人。4.2 在通过单一窗口接收文件或数据的情况下，除非紧急情况和其他有限的例外公开情况，参与当局或机构不得要求相同的文件或数据。4.3 成员方应通知委员会单一窗口的运营细节。4.4 成员方应尽可能切实可行地使用信息技术支持单一窗口。”

因此，许多国家都将“单一窗口”纳入了贸易便利化的考量中。① “单一窗口”平台通过允许成员方参与单一窗口系统获取信息，而这些信息又以电子方式存储在其他参与单一窗口系统的成员方的海关当局，这就大大减少了许多国家海关当局要求多次提供存储信息的重复性工作。②

一、“单一窗口”理念的源起

（一）海关数据自动化管理系统时期

在20世纪80年代初，政府和国际组织都认识到需要促进多个贸易参与者的协调，使跨境贸易更具成本效益和效率，贸易流程逐渐从物理平台转向电子平台。联合国贸发会议（Unite Nations Conference on Trade and Development，UNCTAD）首次尝试创建贸易电子平台是海关数据自动化管理系统（the Automated System for Customs Data，ASYCUDA）。③根据西非国家经济共同体（ECOWAS）1981年的要求，为技术援助其成员方收集外贸数据，贸发会议开发了涵盖大多数外贸程序的海关软件。鉴于软件成本效益较高的可复制性和适应性，海关数据自动化系统软件将重点定为贸易便利化、清关、财政控制和运营能力。该程序由贸发会议免费实施，目前已在全球90多个经济体中得到安装或正在安装。

海关数据自动化系统对有关各方产生了积极影响，贸易商从更简便的海关程序中受益，政府的关税收入也随之增加。④ 由于“一带一路”沿线的菲律宾和斯里兰卡于1996年引入了海关数据自动化系统，因此，在

---

① 例如，目前实施单一窗口的国家包括芬兰、新加坡、韩国、加纳、德国、美国、马来西亚和毛里求斯等。See The experiences of these countries may be found on the UNECE database at www.unece.org/cefact/single_window/welcome.html, visited on 15 March, 2019.

② For a detailed understanding of the ASEAN Single Window (ASW), see ASEAN Single Window Trade Facilitation for the ASEAN Economic Community, available on http://asw.asean.org/ and Bryan Cave, ASEAN Single Window-Ready for STM? http://csis.org/files/attachments/130829_GeorgeTan.pdf.

③ See UNCTAD, “The ASYCUDA Programme.”

④ For more information on the Automated System for Customs Data (ASYCUDA), see its website at http://www.asycuda.org/.

实施的第一年,海关收入就分别增加了超过2.15亿美元和1亿美元。[①]同样地,圣卢西亚也从实施海关数据自动化系统中获益。报关经纪人不再需要访问多个清关办公室或政府机构以核实或获取文件,大多数的文书已经得到自动验证。通过快速提交电子文件,圣卢西亚的整个清关时间自实施以来减少了24小时。然而,并非所有的经济体在采用海关数据自动化系统的情形下都达到了预期目标。例如,科摩罗在2010年推出了海关数据自动化系统软件,但该软件并未在当地贸易商中得到广泛使用。电力短缺导致系统在正常营业时间内并不可靠,而私营部门也没有体验到实施方案的预期积极影响。

随着贸易链的全球化,对不同贸易参与者的协调需求持续升温。许多经济体需要超越相对简单的海关电子数据交换系统,如海关数据自动化管理系统,并向更为包容和复杂的平台转变——单一窗口。WTO巴黎协定强调了在贸易中采用和整合单一窗口的重要性,尤其是对发展中经济体而言。[②]

国家数字化水平,特别是跨境贸易,已经显示出对经济增长的重大影响。研究表明,经济数字化10%的增值率就能使GDP增长0.75%。[③] 研究还表明了单一窗口系统对增加出口企业数量和改善国际贸易流的积极影响。[④] 例如,在哥斯达黎加,通过单一窗口实施简化的出口许可证程序能使出口商的数量增加22.4%。[⑤] 此外,数据显示,完全使用电子系统运行清关,即允许在线提交和处理进出口报关单所需要花费的时间要少得多。[⑥] 鉴于数字化的积极影响,世界各国政府和国际机构致力于向边境

---

① See WTO 1998b.

② See WTO 2013a.

③ 博斯公司的数字化指数是一个综合得分,它使用23个指标来衡量一个经济体的数字化水平。

④ See Sá Porto, Morini and Canuto 2015, cited from World Bank Group, A World Bank Group Flagship Report: Doing Business 2017, available at www.worldbank.org, visited on 15 March, 2019.

⑤ See Carballo, Schaur and Volpe Martincus 2015, cited from World Bank Group, A World Bank Group Flagship Report: Doing Business 2017, available at www.worldbank.org, visited on 15 March, 2019.

⑥ See World Bank Group, A World Bank Group Flagship Report: Doing Business 2017, available at www.worldbank.org, visited on 15 March, 2019. 根据统计现在电子数据交换比传统的方式能节省2/3的时间。

合规进程的现代化投入大量资源。

（二）"单一窗口"理念的提出

过去十年，我们见证了互联网的发展，同时也看到一种新的商业营销方式——电子商务的出现。WTO 成员方在多哈回合部长宣言中指出，"创造和维护有利于电子商务未来发展的平台至关重要"。边境的拖延会严重影响全球电子商务的利益。为了实现全球电子商务的目标，各地海关当局必须满足消费者对效率、透明度和可预测性程序的需求。信息技术在促进贸易便利化过程中发挥着重要作用，包括在海关组织内部的直接作用，或为新兴市场或新兴经济体提供进入全球市场和新兴行业中的间接作用。海关当局一直在寻求软件和硬件方面的解决方案，以满足贸易便利化的需要。根据 UNCTAD 的报告，一项交易通常涉及超过 200 个数据元素、多达 30 个不同用户，包括经纪人、监管机构、运输公司和银行等，而在纸质平台中，最多可产生 40 个单独文件，其中每一项都需要手动准备和处理。

"单一窗口"平台旨在加快和简化贸易与政府间的信息流动，为涉及跨境贸易的各方带来收益。理论上，"单一窗口"是指允许贸易商利用单一机构提交信息来履行所有进出口法规要求的系统。实际上，"单一窗口"提供了一个物理或电子形式的"入口"，用于提交和处理所有数据以及与国际交易清关及放行相关的文件。这个"入口"通常由一个机构管理，并适时通知相应的机构进行指导或综合控制。因此，"单一窗口"平台是贸易便利化理念的实际应用，目的在于减少非关税贸易壁垒，并为贸易共同体的所有成员提供即时利益。

联合国贸易便利和电子商务中心（UN/CEFACT）第 18 号建议书提议，政府只能要求一次进出口数据，并允许向一个实体提交数据。如果各当局必须检查货物，则这些检查应该协调一致，如果可能，则应在同一时间进行。因此，实现这一目标的方法即是引入"单一窗口"平台。"单一窗口"平台可以采用多种形式。由于不仅限于海关，"单一窗口"平台必须代表各有关部门和当局之间的密切合作。由于海关作为边界的关键作用，其可以作为执行机构，也最适合作为"入口"点，以接收和协调与履行所有跨境监管要求相关的信息流。

（三）“单一窗口”模式选择

近年来，“单一窗口”计划得到了有效开发和使用，主要模式包括：(1)一个单一的机构：海关协调和执行所有与边界有关的控制。例如，在瑞典和荷兰，海关官员会根据来自于其他政府部门的安排执行诸多任务。(2)一个单一系统：整合跨境贸易相关的国际贸易数据的电子采集、使用和传播。例如，美国制定了一个试点计划，允许贸易商只提交一次标准数据，系统则将数据分发给对交易感兴趣的机构。(3)一个自动化系统：通过该系统，贸易商可以在单个应用程序中向各种控制当局提交电子交易申报以进行处理和审批。在这种方法中，批准的许可证通过电子方式传送到发送者的计算机，新加坡和毛里求斯使用的就是这种系统。此外，在新加坡的制度下，自动化系统会自动计算费用、税费和关税，并从贸易商的银行账户中直接扣除。

二、“单一窗口”的发展

单一窗口理念源于简化贸易商和其他经营者的边境手续，即通过单一电子信息提交以履行所有的跨境监管要求。由于信息和通信技术的进步，这一理念在一些国家已经付诸实践。

（一）国家“单一窗口”建设

在《贸易便利化协定》生效以前，贸易便利化本身就是一个成熟的议题，虽然 WTO 规则存在对贸易便利化的规制，但相对薄弱。大多数成员方也是世界海关组织（World Customs Orgnization，WCO）的成员。世界海关组织的确有各种旨在加快和降低货物跨境流动成本的规则和建议条款，但由于世界海关组织本身是一个无约束力的自愿组织，故成员方没有义务遵守世界海关组织的任何承诺。

越来越多的国家认识到加快海关程序和降低成本的价值。一项研究表明，尽管单一窗口的设置和运营成本高，平均实施时间约为 4 年，但在 12 个选定的贸易便利化机制中，单一窗口是实现长期成本最大节约的机制之一。[①] 虽然单一窗口的应用存在不同,但是优势远远超过了构建整合多个贸易参与者的综合框架的成本,包括为政府提高收入、采用控制风险管理技术并提高可预测性、降低成本及减少贸易商的延误。[②] 由于菲律宾实施了电子数据交换系统,“绿色通道”货运的海关保管时间减少至4～6小时(从前是6～8天)。[③] 阿尔巴尼亚通过采用数字风险边境检查程序,大大减少了通关时间。2007～2012年,这一进程使得阿尔巴尼亚的货物清关时间减少了7%,进口货物的价值增长了7%。[④]

新加坡在清关速度统计中的排名持续靠前,集装箱的清关时间已经短至23秒。从20世纪80年代开始,新加坡就单方面采取措施整合风险评估程序,搭建平台以支持贸易便利化,新加坡实施单一窗口取得了一定的积极成果。在20世纪80年代经济衰退后,新加坡政府成立了一个旨在提高经济竞争力的高层委员会,该委员会的建议之一就是提高贸易中信息技术的使用率。新加坡单一窗口TradeNet首开贸易单一窗口之先河,于1989年开始运营。作为一种电子数据交换系统,TradeNet允许政府与其贸易成员之间通过计算机交换信息。[⑤] TradeNet现在每天处理超过30,000个申报单,短短10分钟就能处理99%的许可

---

① See Moise, Orliac and Minor 2011, cited from World Bank Group, A World Bank Group Flagship Report: Doing Business 2017, available at www. worldbank. org, visited on 15 March, 2019. Duval在2006年研究列出了以下12种贸易便利化措施:贸易文件按照联合国贸易文件格式方法进行排列;在线出版相关贸易数据;为贸易制度及其他贸易便利化议题设立查询点和单一国家联络点;成立全国贸易便利化委员会;提供预先裁决;为海关制定有效的上诉程序;建立单一窗口系统;建立和系统运用前期清关机制;实施现代化风险管理体系;建立和广泛使用审计;加快货物清关以及快递运输的程序。

② See UNECE 2005.

③ “绿色通道”货物清关是指通关过程中无须例行检查的货物。“绿色通道”仅适用于符合海关部门规定资格要求的某些贸易商和产品,资格要求包括但不限于:政府批准的公司和产品清单、支付高关税进口商和具有良好信用记录的贸易商。通过“绿色通道”运输非清单货物的构成海关犯罪行为,甚至在某些情况下成立刑事犯罪。

④ See Fernandes, Hillberry and Mendoza Alcantara 2015, cited from World Bank Group, A World Bank Group Flagship Report: Doing Business 2017, available at www. worldbank. org, visited on 15 March, 2017.

⑤ See World Bank 2013a.

证,并通过同业银行交易收到所有的货币收款。[①] 就成本而言,贸易公司仅在文件处理环节就节省了25% ~30%的成本。[②]

瑞典也是早期引进国家单一窗口的国家之一。随着海关信息系统(CIS)的发展,瑞典于1989年开始实施单一窗口。在初始阶段,海关信息系统是一个通过电子方式向统计局记录出口数据的在线平台。随后,该系统逐渐从出口数据交换演变为包括出口、进口和过境货物程序在内的综合单一窗口。目前,瑞典单一窗口不仅将海关与统计局联系起来,还包括其他重要的国际贸易参与者。[③] 瑞典的货物清单简单直接。贸易商或代理人在线提交报关单,当然也允许使用纸质副本,但使用频率甚低。海关对相关信息进行的处理,如果需要其他机构的许可证,则可通过单一窗口自动请求。[④] 即使并不强制使用在线系统,94%的报关单也是以电子方式提交,大约有12,000家公司和7000名公民使用电子方式。[⑤] 电子平台每天24小时运行,每周7天且免费使用。

在捷克,海关雇用了约9000人负责出入境工作。每年有超过270万辆货车通过边境,司机跨境排队等候12小时并非罕见。通过应用网络的内部开发,捷克已经实现了关税征收和产品注册的全面自动化,80%的报关单以电子方式提交。同时,捷克海关还吸收了新技术,以提供持续的贸易便利化。捷克海关不仅是“欧洲共同运输公约”的签署国,而且还致力于成为东欧第一个试点NCST(新的共同运输系统)国家,利用电子商务技术通过每个参与国的海关创建自动的端对端程序。

(二)区域“单一窗口”建设:东盟经验

随着国家单一窗口的发展,单一窗口的区域化成为一种趋势。东盟

---

① See Neo and Leong 1994, cited from World Bank Group, A World Bank Group Flagship Report: Doing Business 2017, available at http://www.worldbank.org, visited on 15 March, 2017.

② See OECD 2009.

③ 瑞典单一窗口还将海关与国家贸易委员会、瑞典农业委员会、国家战略产品监督局、国家税务局、国家债务处、瑞典警方、挪威海关、俄罗斯海关和欧盟委员会联系起来。

④ See the website of the Swedish customs service at http://www.tullverket.se/, visited on 15 March, 2019.

⑤ See UNECE 2005.

单一窗口(ASEAN Single Window,ASW)是区域单一窗口发展的典范。东盟单一窗口倡议于2003年第九届东盟首脑会议上获得通过,旨在通过允许海关信息以电子形式交换以及加快货物清关速度的方式来整合东盟国家单一窗口。东盟单一窗口预计能够降低总交易成本的8%,最大限度地减少文件调度成本。①

即使贸易便利化并未成为谈判话题,如东盟并未明确就贸易便利化进行谈判,即使是在2015年东盟经济共同体(ASEAN Economic Community,AEC)中,东盟的工作也未包含贸易便利化,如预先裁定、费用和收费信息、货物的放行和清关规则等,但是,东盟的确将重点放在超越巴厘岛的贸易便利化方面,特别是高度重视单一窗口的理念。② 根据这一理念,贸易商只需输入一次贸易数据,这些数据就将自动转移到货物清关所需要的所有机构。最终,10个东盟国家单一窗口应该联系在一起,形成一个无缝的东盟单一窗口。

1. 东盟单一窗口的理念

东盟单一窗口清关将连接和整合东盟成员方的国家单一窗口,加快海关数据电子交换速度,使贸易商获得其他东盟国家的清关、许可和其他文件。东盟单一窗口能够提供安全的IT架构和法律框架,允许政府机构或贸易共同体间的贸易、运输和商业数据以电子形式进行交流,加快货物清关流程、降低经营成本、减少经营时间、提高贸易的效率和竞争力。

早在2005年,东盟就在融合优先部门的框架协议(ASEAN Framework Agreement for the Integration of Priority Sectors)中呼吁推进国家单一窗口建设。2013年4月26日,这些承诺被明确纳入新协定,旨在建立和实施东盟单一窗口。为了实现最终的东盟单一窗口,需要考虑不同贸易便利化因素之间的协调。因此,东盟虽然没有明确将贸易便利化置于议程,但仍将东盟单一窗口纳入了总体规划行动,自动将许多贸易便利化元素推向了东盟成员方。③

东盟单一窗口(ASW)是一个连接和整合东盟成员方国家单一窗口

---

① See USAID 2012.

② 载东盟专门用于单一窗口(ASW)的网:http://asw.asean.org。

③ 当然,如果没有东盟X系统,这些要素在东盟会运行得更好,因为并非所有的东盟成员方都愿意执行此承诺。相反,由于东盟没有执行机制,所以很难要求全体成员方实施这一措施。

(NWS)的区域行动,其目标是通过在东盟成员方之间的沟通实现边境文件的电子交换,加快货物清关和促进东盟经济一体化。印度尼西亚、马来西亚、新加坡和泰国都在使用东盟单一窗口以交换原产地电子证书,一旦“实施东盟单一窗口法律框架议定书”(the Protocol for the Legal Framework to implement the ASEAN Single Window)得到全面批准,电子证书将用于分配《东盟商品贸易协定》(ATIGA)下的优惠关税税率,并进一步加快参与东盟单一窗口的东盟成员方之间的货物清关速度。东盟成员方通过东盟海关申报文件(ASEAN Customs Declaration Document,ACDD)数据,正在努力扩大东盟单一窗口来支持出口申报信息,以支持成员方的风险管理体系和植物卫生电子证书交换。同时,东盟单一窗口也可能用于交换其他文件,如货物凭证、运输单以及其他港口或运输单据。

2. 东盟单一窗口的范围和地位

东盟单一窗口试点项目组件二从2015年4月逐步开始实施。印度尼西亚、马来西亚、新加坡、泰国和越南已经使用东盟单一窗口支持架构测试了《东盟商品贸易协定》中的表格D。东盟财政部长于2015年9月签署了东盟单一窗口实施法律框架议定书(PLF),成员方目前正在进行各自的国内批准程序。

目前,东盟单一窗口试点项目组件二的实施将通过提议的基础设施来涵盖东盟单一窗口的网络信息安全预警系统(NSWs)间的周期交换。

持续67周的实施方法分为三个阶段:第一阶段(2015年10月16日完成)的目标是开发和测试交换《东盟商品贸易协定》(ATIGA)表格D所需软件的测试数据,包括两个月的端对端测试。第二阶段(2015年10月26日至12月18日)包括从使用纸质和电子表格中的动态数据进行平行测试到2015年12月30日切换至实时运营状态。第三阶段包括实时运营12个月。预计在开始实际运营后,其他东盟成员方可加入实际操作系统,包括承包商提交东盟单一窗口实时运营的最终报告。第一阶段的端到端测试和第二阶段的平行测试将涵盖《东盟商品贸易协定》表格D的电子交换以及相关的使用信息。除了这些报告的交换数据外,端到端的测试还包括消息传递系统每一步的交换数据确认。

东盟单一窗口组件三的技术和财务评估将在实际运营前进行,成员方同意的另一个实施后审查,将在消息传递系统实际运营的合理期限后进行。一旦东盟单一窗口切换至实际运营,其他东盟成员方准备就绪即可加入,文莱和菲律宾在2016年第二季度前就加入了东盟单一窗口实际运营。

2016年,美国ACTI项目继续支持实施和扩大支持东盟单一窗口的基础设施,使其他成员方能够参与到《东盟商品贸易协定》表格D的实时数据交换中。与此同时,美国ACTI项目协助东盟成员方建立东盟单一窗口管理办公室(PMO),以管理和实施与东盟单一窗口有关的长期项目。该项目涵盖了该系统的财务可持续性、对管理办公室工作人员的培训是为了其管理东盟单一窗口的区域运营服务。此外,该机构还将提供能力建设活动以确立互相承认的协定,此种协定是技术中立协定,旨在促进有效的国内和跨境电子认证信息共享。

三、“单一窗口”建设中的问题症结与经验

(一)“单一窗口”建设的问题症结

东盟单一窗口实施工作正在逐步进行,成员方目前正在执行各自的国内批准书。但大多数东盟成员方都有自己的海关制度和立法,与区域立法可能出现协调难题,尤其是东盟成员方的情形比较复杂,海关现代化系统的发展不均衡,很难在“单一窗口”建设中步调一致。

2010年,世界海关组织秘书处向世界海关组织所有177个成员方分发了调查问卷。其中,参与的58个成员方包含20个亚太经合组织(APEC)成员和38个非亚太经合组织成员。[①] 调查发现,海关总署的运

---

① 世界海关组织(WCO)区域:(1)东南非地区:安哥拉、埃塞俄比亚、毛里求斯、莫桑比克、卢旺达、南非、乌干达(7个);(2)欧洲地区:阿尔巴尼亚、阿塞拜疆、比利时、保加利亚、丹麦、芬兰、法国、德国、拉脱维亚、立陶宛、马其顿、马耳他、荷兰、波兰、俄罗斯联邦*、斯洛伐克、斯洛文尼亚、瑞典、瑞士、土耳其(20个);(3)亚太地区:澳大利亚*、文莱*、中国*、中国香港*、印度、印度尼西亚*、日本*、韩国*、马来西亚*、蒙古、缅甸、新西兰*、巴布亚新几内亚*、菲律宾*、新加坡*、泰国*、越南(17个);(4)北非、近中东地区:约旦、摩洛哥、突尼斯(3个);(5)美洲地区:阿根廷、加拿大*、智利*、多米尼加共和国、墨西哥、巴拉圭、秘鲁*、美国*(8个);(6)西非和中非地区:贝宁、布基纳法索(2个)。注:带星号的国家为亚太经合组织成员。

作通常都是基于计算机(自动)货物清关系统,所有海关机构采用的都是电脑货物清关系统。绝大多数的海关货物申报都以电子形式进行,只有少数政府机构与海关清关系统有电子连接。平均每3个政府机构与海关清关系统有电子连接,而平均每15个机构直接参与跨境交易。然而,对于大多数海关部门而言,实施单一窗口是一个艰巨的项目,可能仍需要几年的规划和开发。此外,该项工作会涉及许多的利益相关者,故需要在对现有系统和未来系统之间的差距进行分析的基础上,进行规划和分阶段实施。

1.“单一窗口”建设服务提供商

单一窗口建设服务的主要提供方式是由海关机构单独提供或是由海关机构与其他准政府机构的合作提供。在提交调查问卷的成员方中,有22个成员方(59%)的海关为单一窗口服务的提供商,有6个成员方(16%)是其他政府机构为提供商,私营部门提供商有5个(14%),半政府机构有3个(8%)还有1个其他机构(3%)。[①] 此外,有6个海关当局表明其与其他政府机构或私营部门共同提供单一窗口服务,包括港务局,对外贸易旅游部,商业咨询和支持服务,环境、食品和农村事务部,商业创新,技能部。

2. 单一窗口维护和运行及其资金来源

政府财政是维护和运行单一窗口的主要资金来源,用户付费以及公私合作伙伴关系也是资金来源途径之一。在提交调查问卷的成员方中,有19个成员方(66%)表示政府是维护和运行单一窗口的资金来源,其次是用户付费(5.17%)、公私伙伴关系(3.10%)及其他(2.7%)。[②]

3. 阻碍单一窗口发展的问题和困难

就阻碍单一窗口发展的问题和困难而言,海关当局表明:第一,信息和通信技术缺乏(17.29%);第二,预算和人力资源受限(12.20%);第

① 还有6个海关当局选择了多种方式提供单一窗口服务。

② 有两个海关当局选择了不止一种模式。

三,内部机构协调困难(12.20%);第四,法律框架不充分(8.14%);第五,缺乏领导机构(4.7%)及其他(6.10%)。[①]

(二)“单一窗口”建设的国际经验

单一窗口中的文档和程序的简化及自动化经历了五个阶段。2005年,联合国欧洲经济委员会“国际供应链无纸化贸易:提高效率和安全”论坛收集了来自世界各地许多经济体的经验教训,并结合项目的进化性质提出了制定单一窗口的建议路线图。基于过去十年的全球经验,2011年在日内瓦举行的全球联合国贸易便利化会议“单一窗口实施十年:未来经验和教训”背景文件确定和细化了单一窗口的进化理念。[②]

1.第一阶段:无纸化海关

即无纸化报关制度的发展。由于每一项进出口都必须向海关申报,所以大多数国家首先从电子报关制度出发,引进了电子贸易便利化。电子海关申报制度通常是从纸质海关平台演进而来,或使用传统的电子数据交换系统(Electronic Data Interchange,EDI),贸易商同时提交电子报关和纸质申报。[③] 无纸化报关平台仅通过安全的增值网络(Value Added Network,VANs)使用电子海关文档,而不需要实质访问,在后续阶段也不需提交纸质文件。

虽然很多国家已经建立了无纸化海关平台,但尚未达到这一阶段的要求。无纸化海关是国家单一窗口发展的开端,国家应确保资金优先实施这一系统。该系统应涵盖其他支持功能,如无纸化报关申报、关税电子支付、自动风险评估及基于风险的检查以及各主要海港、机场和陆路过境点的系统部署等。

---

① 这是一个开放性问题,世界海关组织秘书处将结果分为六大类,此外还包括官僚主义、文化管理等问题。

② See Ten Years of Single Window Implementation:Lessons Learned for the Future,a discussion paper by Jonathan Koh Tat Tsen,during the 2011 Global Trade Facilitation Conference,http://www.unece.org/fileadmin/DAM/trade/Trade_Facilitation_Forum/BkgrdDocs/TenYearsSingleWindow.pdf.

③ 有些经济体的传统电子数据交换系统允许贸易商以电子方式提交报关单,但在进出口程序中仍然需要提交实体凭证,这是由于电子交易法尚未制定或电子系统尚未完全安全开发。

2. 第二阶段:监管型单一窗口

即将无纸化海关与其他发布贸易、进出口、过境相关许可证和证书的监管机构及其他相关文件相结合。通过电子方式联系贸易商和海关后,各国可以制定一个单一窗口文件的电子交换系统,连接几个或所有处理进出口监管的政府机构。该系统允许申请和发放进出口电子许可证和纸质证书以及政府机构之间的交流。① 在第33号建议书中,欧洲经济委员会将单一窗口定义为,“允许参与贸易和运输的各方通过一个入口点一次性提交标准的与贸易有关的信息或文件,以完成所有进口、出口以及与转口相关的监管要求”。单一窗口的定义可以理解为单一提交以连通所有机构。

因此,单一窗口最具挑战性的功能是一次提交,即交易者只需向单一窗口提交一次进出口数据。监管型单一窗口入口设施能够与几个政府机构通信,以获得任何必要的许可证和证书。这种单一窗口的典型例子要属新加坡的TradeNet,贸易商在一个窗口提交电子数据,以获得所有必要的进出口许可证、证书和报关单。大多数的监管型单一窗口,还不能通过单一入口点进行提交,相反,贸易商仍然需要通过单一窗口向不同政府机构分别提交数据。这种单一窗口可能有一个主要的国内政府间(G2G)的电子文件交换中心,但有多个电子数据输入窗口,用于每个政府机构内不同的申请表。

然而,许多国家有多达20~40个监管机构参与进出口和运输程序。在这种情况下,最好根据单独机构的合作意愿以及成本效益逐步发展监管部门。例如,对于负责最频繁交易和大量文件的监管机构,或涉及国家发展议程的机构,如某些经济体颁发战略性农产品原产地证书和出口许可证的机构,应给予优先合作,因为其涉及的文件数量繁多且对经济影响较大。

3. 第三阶段:港口单一窗口或B2B港口公共系统

即扩大单一窗口以服务于机场、海港或陆港内的整个贸易和物流。

① 有了这样的设施,贸易商就不需要去不同的监管地点实地访问。例如,在马来西亚,其他几个政府机构出具的电子进出口许可证可以电子方式发送到海关部门,以便更快地检查和清关。

发展单一窗口的下一个阶段是将主要机场、海港或边境的私营部门利益相关者和中介机构进行整合。该系统有时被称为港口公共系统(Port Community Systems,PCS)或港口单一窗口。①

欧洲港口公共系统协会(European Port Community Systems Association,EPCSA)②将PCS界定为一个中立、开放的电子平台,能够使公共和私人利益相关者之间进行智能、安全的信息交换,从而提高海域和机场的效率及竞争力。文档和信息通过电子方式连通,能够更好、更快地在港口的利益相关者之间进行协调。港口单一窗口通常将海关电子申报系统和其他监管机构连接起来,该系统主要通过单次提交数据、连接运输和物流链,优化、管理和自动化港口和物流程序。

但扩大单一窗口同样面临挑战,在一个港口系统内很难完全覆盖所有利益相关者的运营和服务,如果有可能,还可以将单一窗口设施扩展到经济体中的每个主要港口。许多经济体可能有几个主要的港口,每个港口通常都有不同的利益相关者,机场、海港和陆港之间所需要的文件和程序也有所不同。因此,为每个不同的港口实施和部署单一窗口系统更耗时。例如,由于不同的交通工具和环境,机场和海港的系统大不相同。由于大多数港口通常由独立的地方机构进行管理,可能同时拥有几家私营运营商,因此,在不同港口实施相同的系统也存在一定的困难。

许多欧洲国家已经在大多数港口建立了公共港口系统,用以连接经营海港和机场的各种组织的多个系统,③这种单一窗口的一个例子即是DAKOSY系统——用于德国汉堡港海上运输的电子文件交换系统。④ 据估计,仅仅通过减少在准备和提交贸易及运输单证时纠正错误的劳动力成本,该系统每年就要节省大约2250万欧元。在德国,不同港口都开发

---

① 两个术语间没有明确的区别,通常PCS更强调B2B,而港口单一窗口更侧重于B2B的组成部分。

② See EPCSA,2011,“How to Develop a Port Community System”.

③ See European Port Community Systems Association (EPCSA):“The Role of Port Community Systems in the development of Single Window,” 15 June,2011.

④ See the UNECE Single Window Repository, available at: http://www.unece.org/cefact/single_window/welcome.htm, visited on 15 March,2019.

了独立的港口公共系统,而芬兰的大部分港口都部署了同一港口公共系统。

这一层级单一窗口的开发可能会也可能不会连接第二阶段所提到的政府间单一窗口和经济体内的公共港口单一窗口。例如,新加坡的单一窗口系统(TradeNet)并不直接与新加坡海港单一窗口直接相连,但是,这两个独立的电子数据输入和交易窗口能够在新加坡实现高效的贸易和运输便利化。然而,欧盟致力于将其港口公共单一窗口系统与政府间单一窗口进行整合,以提高效率和控制,如《2011 年白皮书》所提到的 EPCSA。此外,在欧洲的许多经济体中,这一特征尤为显著,第三阶段的 PCS 已经得到了充分发展和部署。因此,如果一个经济体已经建立了无纸化海关和监管型单一窗口系统,通过在主要港口、机场和过境点建立港口单一窗口将为利益相关者和政府机构提供互连机会。

4. 第四阶段:充分整合的单一窗口

即建立整合性国家物流平台,将各行政部门、公司和服务部门相互联系,更好地管理整个进出口业务链。最先进的国家单一窗口系统之一是韩国的电子贸易门户,即 u-Trade。该系统不仅连接了贸易商、海关和其他监管机构,还连接了私营部门的参与者,如银行、海关经纪人、保险公司、货运代理及其他物流服务商。

此阶段的连接包括第一阶段和第二阶段(无纸化海关和其他监管型单一窗口),将范围扩大至银行和贸易融资、货运保险公司、贸易商、货运代理、船务机构和承运人。完全整合的单一窗口可能连接或不连接港口公共单一窗口,例如,韩国的 u-Trade 系统并未完全通过电子方式连接海运公共信息交换系统(KL-Net)。

因此,如果一个经济体已经在主要海港建立了监管型单一窗口和港口公共系统,就很可能会完全整合单一窗口,这极有可能是一个优势。例如,仍然有许多中小企业无法使用单一窗口服务,或即便还有大型的电子系统,贸易融资和货物保险系统也存在尚未连接到单一窗口的情况。然而,并非所有的经济体都适合建立完全整合的单一窗口,还需要进行成本效益分析。

5. 第五阶段：跨境单一窗口交流平台

即将国家单一窗口互连整合到双边或区域跨境电子信息交流平台。电子跨境信息交流是区域一体化的重要手段，有利于增强贸易国家之间的安全、互信和合作。新西兰食品安全局(NZFSA)和澳大利亚检疫局(AQIS)已经交换了动植物卫生检疫电子证书，通过允许两个机构之间的电子数据交叉检查以简化进出口程序，加快贸易速度，加强两国对农业和食品的监管。跨境电子文件交流的另一个例子是韩国和香港相关部门之间交换电子原产地证书，这一跨境数据交换平台有助于降低风险以及减少与原产地证书有关的文件欺诈。

东盟单一窗口行动的目的不仅是为了在成员经济体内开发国家单一窗口，也是为了在东盟成员方国家单一窗口与其贸易伙伴间进行互连和电子文件的交流。① 东盟贸易伙伴之间的无纸化或少纸化电子文件跨境交换包括交换电子海关申报单、电子化东盟 CEPT(普通有效优惠关税)表格 D 以及《东盟货物贸易协定》表格 D。

国家单一窗口，尤其是经济体之间的跨境电子文档交换平台，以及区域集团内部几个经济体之间的跨境电子文档交换平台，是通过缓解货物流通以及更好的风险管理促进经济一体化进程的。单一窗口可以增强信息的可用性和真实性，从而减少欺诈，加快和简化贸易方和政府之间的信息流，并且能够在政府系统之间更好地协调和共享相关数据，为跨境贸易各方带来收益。该设施的使用能够提高效率和安全性，降低政府和贸易商的成本，从而更好地利用资源。

实行无纸化海关后，跨境信息交流实际上可以在任何阶段开始。单一窗口可以交换的数据类型取决于其发展阶段。无纸化海关系统只能为跨境数据交换提供海关数据，而完全整合的单一窗口能够提供运输和商业交易数据。因此，如果一个国家已经建立了无纸化海关、和/或监管型单一窗口、和/或港口单一窗口、和双边或次区域贸易协定，也与其他区域的单一窗口运营者合作，并在这些区域开发跨境数据交换，如建立一个双

① Auessed April 10th,2019. http://www.aseansec.org/18005.htm.

边或区域的信息交流平台,即完成了第五阶段的单一窗口建设。

第二节 海关通关基础设施建设

在实现贸易便利化的过程中,海关通关基础设施建设是贸易便利化合作的基石。加强贸易港口、海关特殊监管区域的建设,能够确保该国际贸易的高效和便捷。然而,在海关通关基础设施的建设中,很多国家的经济发展水平滞后,这无疑就为通关基础设施建设带来难度。政府和社会资本合作模式(Public-Private Partnership,PPP)是基础设施建设领域中的一种新思路,在基础设施领域引进 PPP 模式能够缓解财政困难、促进基础设施高效建设,这就为海关基础设施建设供了契机。

一、海关通关基础设施建设的必要性

(一)海关的功能定位

1. 海关的经济角色

海关部门在政府作出重要决策中发挥着至关重要的作用,是实现贸易便利化、贸易数据统计、税收、市场准入以及社会保障的关键。设计精良、有针对性的海关能力建设投资不仅能够提高海关的效率和效力,还能为政府和国际社会带来巨大收益。此外,海关能力建设还为发展中国家在全球贸易链体系建设中提供了诸多机会。通过可持续的经济增长减少贫困是社会发展的主要任务,海关的经济角色决定了实现这一目标的重要作用。

海关行政框架因国家而异,但最常见的还是海关要对财政部负责,同时也要对司法、国土安全以及贸易等部门负责,或者作为独立部门或机构对多边部长级会议负责。然而,现代海关通常扮演着不同的经济角色,对社会发展至关重要。

(1)贸易管理

海关为合法的贸易和经营者提供了简单、透明、具有预测性及便利的

交易途径;在很大程度上有效制止了非法和扭曲的贸易;为履行多边和双边层面的义务,海关通常要遵守全球贸易体系的要求和标准。只要满足上述三个方面,海关就能提供有效和均衡的国际贸易管理。这不仅是鼓励和促进贸易的基础,也能够在很大程度上吸引外资同时保护国内市场和经济参与者免受不正当竞争,避免其他贸易伙伴的报复措施等。

(2)社会保障

海关是一国的门户,是安全防卫的第一道屏障。海关通过对可能给成员方卫生、环境及社会造成风险的货物进行有效管理,来保障社会的安全。安全对于社会稳定至关重要,也有助于经济的可持续增长。

(3)数据统计

海关能够及时收集与国际贸易有关的准确经济数据,用以支持政府的决策和经济规划,这些数据对一国经贸政策的制定至关重要。

(4)税收管理

海关的一大功能即是收取海关税费,为政府提供可持续的收入来源,通过海关行政管理体制支持经济发展。

虽然各国海关的经济角色各有侧重,但现代海关更加强调上述功能的整合。运行良好的国际贸易一定是同时拥有准确的数据统计和信息系统支持以及安全的供应链保障,才能产生更多的税收。可见,海关部门在执行政府政策中发挥着重要作用,有助于国家目标的实现。同时,海关往往也是外部世界看待一个国家的第一窗口,是贸易和外商投资决策的决定性因素。一个高效的海关总署,能够确保政府在税收收入、贸易便利化、贸易统计以及社会保障等方面实现政策目标。一国的海关对国家发展至关重要,对世界贫困人口的生活也可能产生重大影响。因此,有针对性的能力建设投资主要集中在提高海关管理部门的效率和效力方面,然而,海关的很多能力建设举措并没有达到目标。

2. 海关的标准框架建设

海关是国家贸易的润滑剂,世界海关组织高度重视海关的建设。自2006年起,世界海关组织就启动了若干能力建设的方案和活动,其中,最重要的是用以援助安全贸易的哥伦布计划(Columbus Programme)。哥伦布计划是目前规模最大、最全面的海关能力行动，旨在全面实施“保障和促进全球贸易的标准框架”。在171个海关组织成员中，目前的110个海关当局是哥伦布计划的受益人，这个数目还在增加。世界海关组织还通过与区域组织的合作协议，如大洋洲海关组织（Oceania Customs Organization，OCO）和加勒比海关执法委员会（Caribbean Customs Law Enforcement Council，CCLEC），将该计划扩大到了非成员方。

哥伦布计划由三个阶段组成：第一阶段是需求分析阶段，是对整体发展能力及其符合国际标准的现状进行综合诊断。世界海关组织诊断框架（WCO Diagnostic Framework）工具已得到联合国、世界银行、国际货币基金等组织的认可。第二阶段是实施阶段，包括成员方采取的所有推进发展的步骤，即从全面现代化计划的准备和批准、获得充足的政治和财政支持，直到全面实施。第三阶段是监管阶段，包括过程的监管和评估。

世界海关组织在哥伦布计划中的能力建设与以往技术援助相比，不再局限于操作和技术层面，而是上升为战略和组织层面；以往的技术援助注重对单一项目的援助，而能力建设更强调对整个海关的建设；注重长期的可持续发展，以海关整体能力建设为主要目标。世界海关组织于2008年发布了《海关能力建设手册：哥伦布计划第二阶段实施工具》，其中一个很重要的方面就是海关工作人员的能力提升。海关工作人员业务能力水平直接关系海关的运行和管理，因此，哥伦布计划第二阶段重点关注海关的战略管理、项目管理、海关可持续发展和管理、利益相关方管理、绩效管理、人力资源培训以及流程再造等领域。[①] 世界海关组织通过对成员方上述领域进行有针对性的诊断、实施、评估，能够有效提高成员方海关工作人员的效率。

（二）沿海和内陆地区海关通关基础设施建设的重心考量

提高海关工作人员的管理和运行能力是促进贸易便利化的关键之

① 参见张树杰、徐君：《海关现代化建设的全球行动：WCO“哥伦布计划”述评》，载《上海海关学院学报》2011年第2期。

一,相关配套基础设施的现代化建设能够促进贸易的便捷化。然而,诸多发展中国家海关基础设施相对落后,这就可能导致港口通行不畅、货物存储空间不足等问题,而港口拥堵、货物的存储和运输费用过高会影响国际贸易的发展。在世界范围内,国家海关基础设施建设要将着力点放在沿海地区港口建设和内陆地区的综合保税区建设方面。

1. 沿海地区的港口建设

港口是国家之间实现互联互通的关键,但很多发展中国家的港口基础设施普遍不完善,通关便利化程度低。“一带一路”沿线国家中,中国与东盟国家的港口合作往来最为频繁,然而这些国家的港口建设相对滞后,严重制约了通关便利化。首先,港口在国际贸易供应链中始终发挥着指挥调度的作用,而现代港口通常集运输中转、装卸、仓储、物流、供应链服务于一体。很多发展中国家的港口很少具备现代港口的功能,集装箱码头和深水港不足等问题严重,我国粤港澳港口作为深水港的建设经验完全可以推广到这些国家。其次,港口作用的发挥离不开完善的物流配套设施。有的港口航线单一问题严重,物流成本过高,因此,很多发展中国家还应加强港口的航线建设,降低物流成本。再次,港口作业的专门化、集成化是推进互联互通的保障。港口与港口之间不再是单纯的竞争模式,而是演变为一种合作模式,例如中国与东盟之间合作建立了港口城市合作网络。就我国而言,这一合作以广西钦州港为门户港,形成了对接东盟的港口城市,以加快推进互联互通,形成国内外港口的“大通关”格局。最后,港口建设还应因地制宜,以腹地经济类型和规模为依据进行整体规划。这就需要培养海关通关基础设施的专业人才,他们不仅可以服务于硬件设施的建设,还能够通过提高专业化水平从各方面促进贸易的便利化。

2. 内陆地区的综合保税区建设

《贸易便利化协定》成员方多为内陆国家,而内陆港并不具备港口的天然优势。我国设立在内陆地区的综合保税区不仅具有口岸、物流以及加工等功能,而且通常要求的通关手续也较为简便,是促进贸易便利化的重要基础设施。“一带一路”沿线国家的贸易便利化离不开海关系统的现代化,更需要建设先进的海关基础设施。综合保税区属于海关实施监管的特殊经济功能区,海关特殊监管区域主要包括保税区、出口加工区、保税物流区、跨境工业区、保税港区、综合保税区等。将跨境工业区、保税物流区、保税港区整合优化为综合保税区是目前海关监管的主要趋势。因此,将综合保税区的成功经验推广至发展中国家是可行路径。首先,综合保税区通常集进出口贸易、转口贸易、物流、仓储等功能于一身,其中一项重要功能即是港口功能,主要发展国际中转、配送、转口等业务。例如,口岸物流的畅通能够确保综合保税区与港口等口岸的有效对接,从而使通过公路转关的货物能够顺利完成拼装、存放、待检和查验等手续。其次,综合保税区“免征关税、免于报关”的优惠政策是促进贸易便利化的重要手段。而综合保税区的通关便利化已发展成为与税收优惠同等重要的一种优惠政策,是保障国际物流高效运行的关键。最后,综合保税区包括口岸枢纽型、边贸口岸型和产业依托型,应当根据不同国家的具体国情,选择不同的综合保税区类型,促进内陆国家贸易便利化的发展。

二、海关通关基础设施建设:以 PPP 模式为主导

(一)以 PPP 模式促进通关基础设施建设

世界范围内贸易便利化的发展,必须让海关基础设施建设先行,但《贸易便利化协定》的成员方多为发展中国家,对于基础设施建设的支付能力非常有限,这就导致包括港口在内的基础设施十分落后。据亚洲开发银行预测,从 2016 年到未来十年,亚洲基础设施一年投资资金量约 8000 亿美元,而亚洲这些国家大体只能解决 4000 亿美元。[①] 这一领域的资金缺口高达 8 万亿美元,而亚洲开发银行为基建放贷的数额仅为每年 100 亿美元,完全不能满足这些国家的基础设施建设需要。[②] 因此,在推

---

① 参见郭菲菲、黄承锋:《PPP 模式存在的问题及对策——基于“一带一路”沿线国家的分析》,载《重庆交通大学学报》(社会科学版)2016 年第 5 期。

② See Hammami, Ruhashyankiko, Yehoue. *Determinants of Public-Private Partnerships in Infrastructure*. IMF working paper, 2006, 06, p. 99.

进《贸易便利化协定》通关基础设施建设的过程中，应选择 PPP 模式这一最佳途径，即以社会资本解决政府财政匮乏问题，从而带动公用基础设施的高效建设和运营。

以 PPP 模式实施的基础设施项目，私营合作者带来的不仅是社会资本，还包括专业技能、管理经验以及创新能力等。以 PPP 模式实施的项目，将市场机制引入公共产品供给领域，能在很大程度上提高基础设施设计、建设、融资、运营以及维护阶段的效率。

印尼雅万高铁项目作为我国首个海外高铁项目即采用了 PPP 模式。在这一项目中，中方由中国铁路总公司牵头，印尼方则由其国营建筑公司（PT Wijaya Karya）、国家铁道公司（PT Kereta Api）及国营公路服务公司（PT Jasa Marga）组成联营，预计费用高达 55 亿美元，其中，75%的出资来自中国国家开发银行。可见，将 PPP 模式推广至《贸易便利化协定》成员方的海关通关基础设施建设成为趋势。以 PPP 模式建设的项目具有以下优势：首先，PPP 模式能够有效缓解《贸易便利化协议》成员方中发展中国家的财政困难，以充足的资金确保基础设施的建设和运营；其次，PPP 模式作为一种新型的政府采购，能够革除传统政府采购的弊病，以有效的竞争程序保障基础设施项目在建设和运营中的效率；最后，欧盟绝大多数的 PPP 项目都是采用特许经营模式，对于风险较大的项目以特许经营模式实施，使政府和社会资本共担风险，能够有效保障项目的顺利实施。

以“一带一路”沿线国家为例，这些国家也多为《贸易便利化协定》成员方。2015 年，中国企业对“一带一路”沿线国家的直接投资存量为 1156.8 亿美元，占我国对外直接投资存量的 10.5%，其中，投资存量位列前 10 的国家依次为：新加坡、俄罗斯、印度尼西亚、哈萨克斯坦、老挝、阿联酋、缅甸、巴基斯坦、印度、柬埔寨。① 为了实现“一带一路”沿线国家的贸易便利化合作，海关基础设施建设是关键，但是这一区域内的海关基础

① 参见商务部、国家统计局、国家外汇管理局：《2015 年度中国对外直接投资统计公报》，第 19 页。

设施项目融资规模大、期限长,仅有亚洲基础设施投资银行并不能满足区域内的海关基础设施建设。“一带一路”倡议为企业“走出去”提供了区域合作平台,已经在“一带一路”沿线建立了77个境外的工业园区,以服务于当地投资。因此,PPP以社会资本的优势促进基础设施的建设的形式有利于促进贸易便利化,拉动沿线国家的经济发展。

(二)PPP模式中的风险识别

在海关通关基础设施领域引入PPP模式,能够保障通关基础设施建设和运行的高效。但是,《贸易便利化协定》部分,成员方的国情较为复杂,普遍存在经济发展不均衡的情况,导致了企业的投资风险大、收益不确定等问题。以PPP模式解决这些国家的资金缺口问题是有效途径,但也应考虑企业在投资中可能产生的风险,从而实现投资收益的最大化。

1. 政治风险

《贸易便利化协定》部分成员方国情的复杂性使PPP项目的实施可能面临各种风险,其中最为典型的是政治风险。[①] 这是因为《贸易便利化协定》部分成员方的政治环境极其复杂,不同文明之间冲突碰撞严重,国家经济发展水平极不均衡,这就导致这些国家的PPP项目面临随时中止的可能性很大。因此,在我国企业在参与这些国家的跨境PPP项目投资的过程中,一方面,要从国内角度要做好海外投资保险,以中国信用出口保险公司为先导,为企业的跨境投资提供保障;另一方面,由于投资者获得大型基础设施项目的成本很高,因此,应通过与《贸易便利化协定》部分成员方家签订双边投资协定的方式切实保护投资者的利益,提高投资的质量和水平。

2. 法律风险

当前我国规制PPP模式的法律制度并不完善,尚未形成PPP模式

---

① 如缅甸密松水电站、中石油长城钻探工程分公司在利比亚的项目、加州91号快速路、墨西哥国家电信公司、英法海峡隧道项目、法国西班牙跨国铁路项目、格鲁吉亚卡杜里水电站、伦敦地铁项目、墨西哥城到克雷塔罗高铁项目、上海大场水厂、廉江中法供水厂、北京第十水厂、长春汇津污水处理厂、武汉汤逊湖污水处理厂、北京鸟巢和青岛威立雅污水处理。

运行的规范流程,对跨境 PPP 投资更是没有明确的法律规定。《贸易便利化协定》部分成员方的法律制度多数很不完善,即使对相关领域有所规定,法律制度也各不相同,这就导致我国企业“走出去”面临很多的不确定性。因此,在企业“走出去”的过程中,一方面,我国应制定明确的 PPP 投资法律指南,明确企业在投资东道国可投资的 PPP 项目、投资渠道、投资程序以及投资风险等,为企业投资这些国家的基础设施项目保驾护航;另一方面,企业在投资《贸易便利化协定》部分成员方家基础设施项目时,应明确东道国的相关法律,尤其是 PPP 项目所涉及的税收、外汇管理、金融制度、合同法、行政法等。这就亟需专业人才对对沿线投资东道国法律制度进行研究,为企业的跨境投资提供明确指南。

第三节 海关能力合作与组织建设

为加强海关的现代化建设,世界海关组织启动的哥伦布计划旨在为成员提供最大规模的能力建设活动,这一计划为全球贸易安全与便利设计了标准的框架。海关程序的标准运行,能够在很大程度上节省贸易的时间和成本,为国际贸易的往来带来便利,但世界海关作为自愿加入的组织有其自身的局限性,《贸易便利化协定》作为 WTO 的多边协定之一对海关在贸易便利化中的作用也提出了要求。

一、设立贸易便利化委员会与咨询点

(一)设立贸易便利委员会

贸易便利化委员会旨在为成员方提供关于国际贸易的全面交流平台,以便各成员方海关能够加强合作,为贸易便利化的发展保驾护航。

1. WTO 贸易便利化委员会

《贸易便利化协定》规定了成员方之间的海关合作,包括促进合规与合作的措施、信息交换、验证、请求、保护和保密、提供信息、延迟或拒绝请

求、互惠、限制、未经授权的使用或披露以及双边或区域协定。因此,为保障《贸易便利化协定》的实施,应特设贸易便利化委员会以确保本协定的顺利实施。根据《贸易便利化协定》的规定,委员会应对所有成员开放参加,成员方应选举自己的主席;委员会应根据本协定的有关规定会面,但每年不得少于一次,从而为成员方提供咨询有关本协定运作事项或促进目标的机会;委员会应建立自己的议事规则,可根据需要设立附属机构,但所有这些机构都应向委员会报告;委员会还应拟定程序,酌情分享相关信息和实践成果。

委员会应与诸如世界海关组织等贸易便利化领域的其他组织保持密切联系,从而为本协定的实施和管理提供最佳可行性咨询意见,避免不必要的重复劳动。为此,委员会可以邀请这些组织或其附属机构的代表出席委员会会议,讨论和本协定实施有关的具体事项。委员会应在本协定生效后4年对协定的运作和实施情况进行审查,此后定期进行审查。委员会应当鼓励成员方提出有关本协定实施和适用中的问题,也应鼓励和促进成员方就本协定的具体问题进行特别讨论,以期达成满意的解决办法。

2. 成员方国家贸易便利化委员会

根据《贸易便利化协定》的规定,每个成员方应建立一个国家贸易便利化委员会,或指定一个现有的机制以促进本协定的国内协调和实施。[①] 因此,成员方与WTO贸易便利化委员会的信息分享都可以通过国家贸易便利化委员会进行。一方面,在这种交流机制下,《贸易便利化协定》鼓励成员方向委员会分享其衡量平均放行时间的经验,包括使用方法、“瓶颈”识别以及任何对效率的影响。[②] 委员会应制定程序,酌情分享成员方与进出口、运输有关的手续和文档要求等信息以及最佳实践成果。[③] 委员会应拟定程序,酌情分享成员方与实施国际标准有关的信息和最佳实践。委员会还可以邀请有关国际组织讨

① See Agreement on Trade Facilitation, Art. 23.
② See Agreement on Trade Facilitation, Art. 6.2.
③ See Agreement on Trade Facilitation, Art. 10.1.

论其关于国际标准的工作。适当情况下，委员会可以确定对成员方有效的具体标准。[①] 委员会鼓励成员方通过委员会分享海关管理合规方面的信息和最佳实践。[②] 在提供协助和支持能力建设方面，委员会应每年至少举行一次专门会议：(1)讨论有关执行本协定条款或细则的任何问题；(2)审查为实施本协定而提供援助和支持能力建设的进展，包括任何未受到充分援助和能力建设支持的发展中国家或最不发达国家成员；(3)分享关于援助和支持能力建设以及实施计划的经验和信息……[③]另一方面，成员方应和委员会交流有关授权经营者贸易便利化计划的相关信息。[④] 成员方须通知委员会有关单一窗口的运作细节。[⑤] 同时，还要公布其关于使用海关经纪人的措施，包括其后的任何修改都应及时通知和公布。每个成员方都应向委员会通知信息交换联络点的细节。[⑥]

可见，贸易便利化委员会的建设有助于帮助成员方及时了解与贸易便利化有关的信息和最佳实践，尤其是“一带一路”沿线国家的海关设施多数较为落后，在成员方国内建设好贸易便利化委员会有助于和 WTO 贸易便利委员会实现信息互通，更好地促进国际贸易便利化。

（二）建立和公布联络点及咨询点

《贸易便利化协定》要求发展中国家成员和最不发达国家成员设立联络点和咨询点，以便随时知悉其能力建设方面的进展。《贸易便利化协定》部分成员方多为基础设施落后、贸易便利化程度不高的国家，因此，有必要按照《贸易便利化协定》的规定设立联络点和咨询点。

1. 联络点

为了提高发展中国家成员和最不发达国家成员在实施能力建设协助和支持方面的透明度，每一个援助成员方(donor Member)都应在《贸易便利化协定》生效后每年向委员会提交以下信息，以说明其在过去 12 个

① See Agreement on Trade Facilitation, Art. 10.3.
② See Agreement on Trade Facilitation, Art. 12.1.
③ See Agreement on Trade Facilitation, Art. 21.4.
④ See Agreement on Trade Facilitation, Art. 7.6.
⑤ See Agreement on Trade Facilitation, Art. 10.4.
⑥ See Agreement on Trade Facilitation, Art. 12.2.

月内,如有可能,以及未来12个月内的协助和支持能力建设的情况。这些信息将反映提供援助和支持能力建设的需求性质,一般而言,包括:(1)能力建设的援助和支持说明;(2)承诺或支付的状态和金额;(3)援助和支持的支付程序;(4)受益成员方或地区;(5)在成员方提供援助和支持的实施机构。

援助和支持发展中国家成员和最不发达国家成员的捐助国应向委员会提交的还包括:(1)负责援助和支持本协定上述执行能力建设的机构的联络点,包括在切实可行的情况下提供这些联络点在被援助国家或地区的信息;(2)请求能力建设援助和支持的进程、机制信息。

2. 咨询点

每一个成员方都应在其能力范围内,建立或维持一个或多个咨询点,以满足政府、贸易商以及其他利益相关方的询问。咨询点一般可以提供的信息包括:(1)港口、机场和其他入境点的进口、出口和过境程序,以及相关的表格和文件;(2)任何与进口或出口有关的税率、税费;(3)政府机构在进口、出口或过境方面或与之相关的费用和收费;(4)用于海关目的的货物的分类和估价规则;(5)与原产地规则有关的法律、法规以及普遍适用的行政规则;(6)进口、出口或过境的限制或禁止;(7)违反进口、出口或过境手续的罚则;(8)上诉或审查程序;(9)与进口、出口或过境有关的国家的协定;(10)与关税配额管理有关的程序。

如果是关税同盟或参与区域一体化的成员,可以在区域一级建立或维持共同的咨询点。成员方不应收取因回复咨询和提供表格和文件所需要的费用,如确实需要,则成员方应将费用限制在大概的服务费用上。咨询点应在合理的时间内提供答复、表格及文件,但是也可能因请求的性质或复杂性而不同。各成员方还应及时通过网络公布咨询点的联系方式。

二、对不发达国家的特殊与差别待遇及援助

几乎所有的WTO成员都认为,降低贸易交易成本是共同利益所在。

《贸易便利化协定》在很大程度上能够带来“双赢”的结果，其中，发展中国家或最不发达国家成员已经在寻求更高的灵活性来执行该协议——被称为“特殊和差别待遇”。《贸易便利化协定》成员方多为发展中国家和最不发达国家，为了帮助这些成员方实施贸易便利化改革，该协定规定了在必要时可在长期内分步实施，即根据国家需求评估，以确定援助需求、成本以及个别成员方层面的承诺安排。发展中国家和最不发达国家将能够很好地将其承诺与接受与受 WTO 监控的技术援助和能力建设支持相联系。

(一)《贸易便利化协定》条款的实施

《贸易便利化协定》的目的在于“加强技术援助，和对该领域能力建设的支持”，并发展“在海关和任何其他有关当局关于贸易便利化和海关合规性问题的有效合作条款”。因此，在实施《贸易便利化协定》的过程中，应“充分考虑到发展中国家和最不发达国家的特殊和差别待遇的原则”。

《贸易便利化协定》规定了发展中国家和最不发达国家成员的特殊和差别待遇。发展中国家和最不发达国家成员对本协定中的有关透明度原则与可预见性要求、程序简化、海关合作等皆按照差别待遇实施。发展中国家和最不发达国家成员对协定条款的实施程序和时间应与其实施能力相关联。如果某一发展中国家或最不发达国家成员持续缺乏实施相关条款的必要能力，则在获得此种实施能力前不要求实施相关条款，而最不发达国家成员仅需作出与其自身发展、财政和贸易需求、行政和制度能力相一致的承诺。①

1. 条款分类

在条款分类方面，《贸易便利化协定》将条款分为 A、B、C 三类，规定发展中国家成员或最不发达国家成员可根据自身情况来指定条款的实施时间和进度。其中，A 类包含了发展中国家成员或最不发达国家成员指定的自本协定生效之日起实施的条款，或最不发达国家成员自本协定生

① See Agreement on Trade Facilitation, Art. 13.

效后1年内实施的条款;B类包含了发展中国家成员或最不发达国家成员指定的自本协定生效后的一段过渡期后实施的条款;C类条款包含了发展中国家成员或最不发达国家成员指定的自本协定生效后一段过渡期后实施的,且同时要求根据相关能力建设援助和支持获得情况来实施的条款。各发展中国家或最不发达国家成员均应根据自身情况指定A、B、C类分别包含的条款。①

2. A类条款的通知和实施

发展中国家成员或最不发达国家成员指定的A类条款构成本协定的组成部分。②

3. 通知委员会实施B类和C类条款的日期

对于发展中国家成员或最不发达国家成员未指定为A类的条款,则可选择将其指定为B类和C类条款推迟实施,但应向贸易便利化委员会通报实施日期。

4. 早期预警机制

即延长实施B类和C类条款的实施日期。如果发展中国家或最不发达国家成员认为在承诺的期限内无法履行实施任一B类或C类条款,则应通知委员会,请求延长实施时间。③

5. B类和C类条款的实施

在B类和C类条款的实施中,如果发展中国家成员或发达国家成员在向委员会通知其C类条款的实施日期后发现履行困难且申请延期未获批准,该成员通过评估认为自身缺乏实施该条款的能力的,应向委员会通知其无力实施相关条款的情况。委员会应立即设立专家组,最迟不晚于收到通知后60天,专家组应在组成后120天内审议该问题并向委员会提出建议。④

---

① See Agreement on Trade Facilitation, Art. 14.1.

② See Agreement on Trade Facilitation, Art. 15.

③ 发展中国家成员应不迟于实施日期期满前120天通知委员会,最不发达国家成员应不迟于90天通知委员会。在通知中,发展中国家成员或最不发达国家成员应说明预计能够实施有关规定的新日期,以及推迟实施的原因。See Agreement on Trade Facilitation, Art. 17.

④ See Agreement on Trade Facilitation, Art. 18.

6. B类和C类条款的转换

发展中国家成员和最不发达国家成员可以通过向委员会提交通知来转换B类条款和C类条款。如果成员方提议将B类条款转为C类条款，则应提供有关能力建设所需的援助和支持信息。①

(二)适用《关于争端解决规则与程序的谅解》的宽限期

根据《贸易便利化协定》的规定，在该协定生效后2年内，经《关于争端解决规则与程序的谅解》详细阐述和适用的GATT 1994第22条和第23条，不得适用于针对发展中国家成员指定为A类条款有关实施中的争端解决；生效后6年内，上述第22条和第23条不得适用于针对最不发达国家成员指定为A类条款有关实施中的争端解决；生效后8年内，上述第22条和第23条不得适用于针对最不发达国家成员指定为B类或C类条款有关实施中的争端解决。

就最不发达国家成员实施本协定的某条款时，除存在适用《关于争端解决规则与程序的谅解》的宽限期外，在按照GATT 1994第22条和第23条提出磋商请求前，以及在争端解决程序的各个阶段，申请解决争端的成员方应对最不发达国家成员的特殊情况予以考虑，各成员方在提起涉及最不发达国家成员的争端解决时应尽量保持克制，各成员方应在规定的宽限期内为其他成员提供充分的机会，以讨论关于该协定的执行问题。②

贸易便利化主要是通过广泛应用先进技术，简化各种审批程序，提高贸易政策的透明度，这有助于降低贸易商的成本，提高交易效率，为发展中国家扩大贸易量提供了机会，发展中国家也在逐步深化对贸易便利化的了解。贸易的增长不仅能够带来国际资源和市场，也能刺激国内经济，从而创造更多的就业机会，提高民众的生活水平。但贸易便利化的实现需要大量的财政投入，几乎涵盖了贸易的所有环节，故对发展中国家和最不发达国家而言，贸易便利化带来的更多是挑战。

---

① See Agreement on Trade Facilitation, Art. 19.

② See Agreement on Trade Facilitation, Art. 20.

三、建立贸易便利化建设援助基金

《贸易便利化协定》为发展中国家和最不发达国家成员的贸易便利化提供了新的契机，这也是WTO历史上第一次实施与国家能力直接相关的协定。此外，《贸易便利化协定》规定应提供援助和支持，以帮助发展中国家和最不发达国家实现这一能力，从而更好地实施《贸易便利化协定》。

（一）建设贸易便利化的传统资金来源

贸易便利化不仅仅旨在简化清关货物所需的文件，还致力于边境机构在进出口贸易中所采用的程序。边境机构加速商品的跨境流动既能够促进国际贸易的发展，也能增加一国关税的征收。贸易便利化对发展中国家和发达国家而言，已经被描述为一个经典的“双赢”主题，因为没有输家。然而，一些发展中国家已经在关心实施贸易便利化承诺的潜在成本，并寻求发达国家和其他捐助方的承诺来协助实施。

显然，财政对于贸易便利化实施的支持程度至关重要，尤其是海关基础设施和能力的建设。根据国际海关部门的调研，海关能力建设的资金支持主要有以下四种来源：第一，各国政府自筹；第二，国际和区域金融机构以及其他捐助组织的贷款和赠款；第三，私营部门和高端行业机构的自愿捐款；第四，用户付费或服务费。上述四种资金来源各有有优劣，具体如下（见表2）：

表2 资金来源优势、劣势对比

资金来源	优势	劣势
自筹	绝对的所有权(high level of local ownership) 不受外部机构的制约 资金使用的高度灵活性 有限的外部监控	支持额度不足 不具有可持续性 易受政策和政治变化的影响
捐助者的贷款	持续的资金 外部监管 获得外部咨询和指导	债务偿还 耗时的谈判过程 适用条件 地方所有权有限 资金使用的灵活性有限

续表

资金来源	优势	劣势
捐助者的赠款	不存在债务 尤其适用于短期项目或基础设施	资金使用的灵活性有限 不具有可预见性和可持续性
私营部门出资	共同的责任和伙伴关系	可能存在的利益冲突 不具有可预见性和可持续性
用户支付和收费	可预见和可持续的资金 改善绩效的益处直接转移给受益人	贸易商的成本增加 方案管理的费用 可能将收入转入国家预算

世界海关组织秘书处就国际贸易供应链的安全和便利化中相关能力建设的资金机制作了一个综合的调查研究,①其中,资金的主要来源是用户付费、私人来源和公共来源。同时,研究报告还确定了建立集装箱运输收费的国家或国际发展基金的潜在收益。在世界海关组织层面,扩大对海关合作基金(Customs Co-operation Fund)的自愿捐助影响重大。为了促进这一进程,世界海关组织开发了一系列的营销和促销产品,着重强调基金在成员方行政部门双边磋商中的重要性。此外,世界海关组织还致力于制定区域能力建设的可行办法,以增加区域层面基金的提供数额。

迄今为止,世界海关组织的能力建设计划是由捐助成员方以及全球或区域捐助组织提供资金支持。这些捐助者不仅在财力方面,还在人员方面给予了支持。因此,这些对贸易便利化的发展都大有裨益。

(二)建立贸易便利化的专项基金

为了协助发展中国家成员和最不发达国家成员实施《贸易便利化协定》第一节的规定,捐助方成员同意通过双边或适当的国际组织,在双方

① See Dulbecco, P. and Laporte, B., *How to Finance the Security of the International Supply Chain? A Global Approach for the Public Good*, Centre d. études et de recherches sur le développement international, April 2003. 世贸组织贸易便利化协定机制(TFAF 或设施)是根据发展中国家和最不发达国家(LDC)成员的要求设立的,目的在于帮助确保他们获得所需的援助,以获得“贸易便利化协定”的全部利益,支持所有成员全面实施这项新协议的最终目标。

同意的条件下,促进对发展中国家和最不发达国家成员提供援助和支持能力建设。[①] 为发展中国家和最不发达国家成员提供援助的捐助成员方应每年向委员会提交能力建设的援助和支持信息,以说明在过去12个月支付的能力建设援助情况,以及在今后12个月内将要提供的能力建设援助情况。这些信息包括:对能力建设的援助和支持的说明;承诺支付或已支付的状态和数额;援助和支持的支付程序;受益成员或地区;成员提供援助和支持的执行机构。捐助成员还应向委员会提交负责提供能力建设援助和支持的机构联络点的信息。[②]

同时,在发展中国家和最不发达国家成员的要求下,WTO设立了世界贸易组织便利化协定机制(Trade Facilitation Agreement Facility, TFAF),旨在帮助这些国家获得所需的援助,从而充分实施《贸易便利化协定》。这一机制是对区域和多边机构、双边捐助者以及其他利益相关方现有努力的一种补充,目的在于提供与贸易便利化有关的技术援助和能力建设支持。这一机制的功能在于:(1)支持最不发达国家和发展中国家评估其具体需求,并确定可能的发展伙伴,以帮助其满足这些需求;(2)通过为需求和提供与贸易便利化有关的技术援助建立信息共享平台,确保捐助者和接受者之间信息流动的最佳状态;(3)传播实施贸易便利化的最佳实践;(4)为寻求实施援助的来源提供支持,包括正式请求总干事充当具体项目实施资金的协调人;(5)在成员确定了潜在捐助者但无法开发该捐助者考虑的项目,也不能从其他来源获得资金支持准备项目提案的情况下,可为项目准备提供赠款;(6)在试图寻找其他来源资金未果的情况下,提供与实施《贸易便利化协定》相关条款的项目执行赠款。这些赠款仅限于“软基础设施”项目,如海关法律现代化中的咨询服务、国内研讨会或海关官员培训。

该机制提供了两种类型的资金支持。第一种是项目准备阶段的赠款。当成员方确定了潜在捐助者,但无法开发捐助者考虑的项目时,可

---

① See Agreement on Trade Facilitation, Art. 21.

② See Agreement on Trade Facilitation, Art. 22.

以提供高达 3 万美元的资金来资助专家支持准备项目提案。第二种是项目实施阶段的资金。该资金专门用于“软基础设施项目”，如海关法律现代化中的咨询服务、国内研讨会或海关官员培训。如果一个国家找不到捐助者，则可以向该机构（the Facility）申请最多 20 万美元的资助。①

① WTO 总干事 Azevêdo 推出新的 WTO《贸易便利化协定》机制，为最不发达国家和发展中国家提供支持，以践行国际组织承诺的支持实施贸易便利化协定，载 WTO 官网：https://www.wto.org/english/news_e/news14_e/fac_22jul14_e.htm，最后访问日期：2018 年 4 月 25 日。

第五章 “一带一路”贸易便利化与自由贸易区

“一带一路”是一个尚在发展和建构中的动态概念，目前来看，“一带一路”尚不可能达成像《贸易便利化协定》那样广泛的多边规则，而且从便于推进制度建构以及全面照顾“一带一路”沿线各国发展现实和关切利益的角度来讲，统一的多边规则优势尽失。在上述的章节中，笔者将“一带一路”视作一个整体，引入了贸易便利化的国际多边规则，分析了“一带一路”贸易便利化涉及的主要问题。中国推进“一带一路”贸易便利化不仅需要在多边贸易便利化规则的基础上探索“一带一路”贸易便利化需要解决主要问题，还需要考察自身贸易便利化措施对“一带一路”贸易便利化的促进可能，即促进和发展与沿线国家的双边自由贸易协定，并不断提升单边自由贸易园区的便利化水平，寻求与沿线国家在各自自由贸易园区层面的合作。

第一节　自由贸易区与自由贸易园区

一、自由贸易区的含义

（一）自由贸易园区的由来

公元10世纪左右，黎巴嫩地区开始出现了进行自由贸易的场所，古腓尼基人在泰尔和迦太基划设出专门用于自由贸易的港口（Free Port），当时自由贸易港的主要作用是保护往来贸易商和货物的安全，并给予一定的税收优惠。[①] 13世纪法国马赛港设立了自由贸易区，1547年意大利出现了世界上第一个正式命名的自由贸易港，即“雷格亨自由港”（Leghoyn Free Port），这也是世界上第一个具有保税性质的自由港。[②] 自此，欧洲大陆的自由贸易港逐渐发展起来，相继出现了意大利那不勒斯、德国汉堡[③]、法国敦刻尔克等自由贸易区和自由贸易港，[④]20世纪20年代，美洲的墨西哥、乌拉圭、美国等国家相继建立了自由贸易区。第二次世界大战前的自贸区主要分布在欧洲和美洲等发达国家，贸易内容比较简单，而且国家对自由贸易区的管制都比较严格。第二次世界大战后，随着世界经济的复兴与重振，世界经济贸易规则体系不断完善，国家之间都

---

① See D. L. U. Jayawardena, Free Trade Zones, *Journal of World Trade Law*, Vol. 17, No. 5, 1983, p. 427.

② 参见百度百科：https://baike.baidu.com/item/%E8%87%AA%E7%94%B1%E6%B8%AF/1800681?fr=aladdin，最后访问日期：2018年12月6日。

③ 德国《1961年海关法》中的“海关自由区”（customs-free zone）一词包括“自由港”，意思是不在海关监管之下的海港的一部分土地。[See 86(1) of the German Customs Act]但是1992年该法在修订时取消了自由港“关外”的法律地位，德国《1992年海关法》规定自由贸易区和海关仓库都是海关监管区的组成部分，但是非欧共体国家的货物进入“汉堡港”的仍被视为处在关外。See H. Christian A. W. Schulze, The Free-Trade Zone Programmes of Namibia and Mauritius and the Latest Developments in Europe: Lessons for South Africa, *Comparative and International Law Journal of Southern Africa*, Vol. 32, 1999, p. 199.

④ 爱尔兰的香农自由区（The Shannon Free Zone）被誉为世界上第一个自由区，它建立于1959年，在20世纪50年代，香农自由区是依托香农机场发展起来的，同时也是香农机场运营的重要支柱，为贸易和投资提供了极大的便利。See Company Formation in Shannon Free Zone, 4 Ct. Uncourt, 2017, p. 20.

迫切的需要对外交流合作,包括发展中国家在内。廉价的劳动力、丰富的原材料等因素使发展中国家成为世界加工厂,也因此推动了出口加工区这种自由贸易形式的发展。

随着经济全球化、一体化的发展与建构,发展中国家的产业结构逐渐转型,从劳动力密集型逐渐转为技术密集型、资本密集型,自贸区的形式不再局限于出口加工,而是发展成为综合性的自由贸易区或者自由贸易港,具有免税、金融、贸易转口、仓储、引资、加工等多种功能。目前世界上有3000多个自由贸易区,[①]自由贸易区已经成为国家之间经济交往的重要方式,同时也促进了各国文化的交流和人员的流动。关于自由贸易的国际法治和国内政策框架慢慢形成,各国政府不断采取减让关税、取消配额等方式推动商品、货物的自由流动。特别是在发展贸易便利化方面,现代自贸区服务内容不断扩展,包括贸易标准的采用、关税的减免、贸易投资争端的解决、环境与劳工的保护等,呈现了深化合作的趋势。在贸易便利化方面,自贸区协定除了关税减免的安排,还不断简化海关手续、提高海关透明度、鼓励使用国际标准等,在推动贸易便利化方面贡献了不菲的成绩,加速了世界经济一体化的进程。

(二)自贸区概念辨析

1. 自由贸易园区(Free Trade Zone)

目前,对于自贸区这个称谓的使用稍显混乱,自贸区既被用于一国在其境内划定的单边自由贸易区域,又被用于两国或者多国签署的自由贸易协定。具体来讲,前者的英文表述是“Free Trade Zone”(FTZ),准确的翻译应该是“自由贸易园区”,它是一国单独在其境内划出的,向世界开放的自由贸易园区,集贸易、投资、融资、生产、加工等功能为一体,是对外开放的高水平端口。

2. 自由贸易协定(Free Trade Agreement)

自贸协定的英文表述是“Free Trade Agreemnet”(FTA),自贸协定及

① 参见[美]苏珊·蒂芬布恩著:《世界及美国的自由贸易园区》,胡苑等译,法律出版社2016年版,第1页。

于当事国的全部领土，就自贸协定所涉范围来讲，又被表述为“Free Trade Agreemnet”(FTA)①，如“中国—新西兰自贸区”。根据1947年《关税与贸易总协定》第24条第8款(b)对“Free Trade Area”的解释，自由贸易区是指两个或两个以上的主权国家或单独关税区通过签订协议，在世贸组织最惠国待遇基础上，相互进一步开放市场，分阶段取消大部分货物的关税和非关税壁垒，改善服务和投资的市场准入条件，从而形成的实现贸易和投资自由化的特定区域。② 以自由贸易协定形成的“自贸区”及于一国全部领土，这一点也与上述自由贸易园区不同。从GATT 1947的解释来看，“Free Trade Area”是对两个或两个以上国家上述贸易安排的统称。这种叫法经细细推敲实则有些不太精确，因为“Area”的汉语意思是区域、地区，从地理构成上来讲，应该是一块完整的、没有分离的区域，而实际上签订自由贸易协定的两国并不一定接壤。有学者认为，“北美自贸区”这样的自由贸易安排所形成的是一种“自由贸易地区”，其以《北美自由贸易协定》(North American Free Trade Area，NAFTA)为基础，包括美国、加拿大和墨西哥。③ 笔者认为，像“北美自由贸易区”这样在地理上相邻且构成一块完整区域的自由贸易安排，可以使用“Area”这样的表述，但从自贸区的开放性来讲，如果自贸区只是对成员方开放，那么其对于非成员来讲，仍然不具有自由贸易的价值，不是真正意义上的“自由贸易区”；如果成员达成的自由贸易协定是一种开放性的，那么对于非成员来讲，它就具备进行自由贸易的可能性，因此是一种真正意义上的“自由贸易区”。

二、自由贸易园区的演进动因

单边自由贸易园区是继区域和双边自由贸易协定之后，实行对外单

---

① 参见庄芮、张国军、白光裕：《中国自由贸易区战略》，对外经济贸易大学出版社2015年版，第2页。作者将自由贸易区的英文表述为Free Trade Area，认为FTA是指成员间相互取消关税和其他贸易壁垒，但对非成员仍保持各自关税和贸易政策的一种安排。

② 参见陈立虎：《中国自由贸易园区立法的新思考》，载陈立虎主编：《自贸区法律制度研究》，法律出版社2016年版，第2页。

③ 参见[美]苏珊·蒂芬布恩：《世界及美国的自由贸易园区》，胡苑等译，法律出版社2016年版，第5页。

边开放,促进贸易便利化的重要举措。单边自由贸易园区的历史悠久,但真正的大发展浪潮主要是在经济全球化的背景下。从贸易的多边体制向区域安排发展的过程中,单边自由贸易园区战略逐渐成为一国对外开放的主要途径。

(一)多哈困境

《多哈部长宣言》又称“多哈发展议程”(Doha Development Agenda),是一份包含19项工作计划的庞大工程,包含服务贸易、知识产权、贸易与环境、贸易与发展、规则、新加坡议题、农业、非农产品市场准入、争端解决共9类谈判议题,自2001年启动以来,至今已经17个年头,但仍未能达成一致意见。多哈谈判多次陷入僵局与困境,这一方面是由于多哈涵盖的议题过于庞杂,很难在WTO成员方之间达成完全的一致;另一方面也是多哈困境的实质原因,即国家之间的利益博弈,或者说利益驱动某些国家逐渐放弃多边贸易协定,而寻求区域或者双边这种更为容易的途径。因此,以自由贸易区为代表的区域贸易安排被很多学者视为多哈困境的主要障碍。而在自由贸易区的发展进程中,美国对多边贸易体制的态度也无形中左右了多哈回合谈判。

1. 议题分歧

在本文第一章,笔者即在多边贸易体制的演进中也谈到了多哈谈判的艰难历程。特别是坎昆部长会议后,多边贸易谈判的一些实质性分歧愈加明显,主要集中在农业问题、发展问题和新加坡问题上,其中,农业问题是最为突出和关键性的分歧。

农业问题中的分歧聚焦在取消(削减)出口补贴和放开市场准入两个层面。一方面,发展中国家的农产品一直受制于发达国家,特别是美国和欧盟成员方的高额补贴,在国际农产品贸易中缺少竞争力,因此,发展中国家普遍希望发达国家取消或者逐步取消国内补贴。另一方面,发达国家认为发展中国家对进口农产品收取较高的关税,增加了其农产品的出口成本,希望发展中国家放开对农产品的市场准入,甚至实现农产品的自由贸易。而大多数发展中国家认为不能削减发达国家提出的“特别产品”的关税,意在寻求更为妥善的农业保障措施。两大阵营在农业问题上,特别是棉花问题上没能形成一致方案。

2. 利益冲突

多哈回合广泛的谈判议题是导致谈判陷入僵局的“外在原因”,议题背后的国家利益是多哈困境的实质原因。WTO 150 多个成员方对多哈议题的利益诉求是多元的,其中就充斥着大大小小利益集团的博弈。而且,历经 GATT 到多哈回合的多次谈判,发展中国家更加熟悉谈判规则,也更加明确自身的利益诉求,而发达国家又始终不肯作出让步,这使发达国家与发展中国家在多哈议题上更加难以妥协。为此,发达国家宁愿搁置,甚至抛弃多边贸易谈判,而选择双边或者区域这种更为便捷的利益实现途径。

多哈困境是多边贸易谈判过程中必经的阵痛,也可能会长期处于裹足不前的状态。发达国家短期内不可能从 WTO 多边贸易谈判中获得所需的自由标准,而发展中国家也不可能短期内达到发达国家的要求,因而双方都处于观望或者转移关注重心的状态。美国的表现就足以证明“多边贸易谈判”正处于“失宠”时期。

(二)区域经济深度一体化

在多哈谈判陷入困境的同时,区域自由贸易逐渐发展壮大,无形中威胁到了多边贸易谈判阵营的稳固性,导致很多国家将目光转移到双边或区域自由贸易协定的谈判上。最早的区域贸易自由化态势源自欧洲,如“洛美协定”“欧洲关税同盟”。一开始,美国十分反对欧盟这种“脱轨”行为,坚持捍卫 WTO 贸易谈判体制。然而,由于 WTO 多边贸易谈判一直没有实现美国所期待的结果,加之区域贸易协定接连不断的利好成果,美国在 20 世纪 90 年代迅速调整了贸易谈判战略,转而征战区域贸易协定,随即打造了北美自由贸易区,而后又出现了 TTP、TTIP。不难看出,美国试图在 WTO 多边贸易框架之外构建新的区域贸易谈判框架,并重新确定各项贸易谈判原则和标准,而且极力将中国这个最大的绊脚石排除在外。

随着区域贸易合作不断的试水,区域贸易协定不断深化合作内容,区域经济在投资与贸易方面的合作更加全面。区域或双边贸易协定的内容一般都包含关税、服务贸易、投资这三个条款,而标准、透明度、知识产权、争端解决、劳动、竞争政策等这些条款并非所有协定都会予以规定,但随着区域一体化的发展,贸易协定逐渐将上述所有条款都囊括其中,如“智利—墨西哥”的FTA就对上述所有条款进行了约定。

区域贸易协定的合作水平已经远远超过了WTO,各国都以“趋之若鹜”的姿态积极参与双边和区域贸易谈判。从浅层次的原因来看,这是因为双边和区域性的自由贸易谈判更易达成,从深层次的原因来看,区域经济深度一体化是导致区域贸易进一步深化的驱动力量,而国家利益是区域贸易协定发展的根本原因。因此,很多学者批评这种对WTO多边贸易谈判的“不忠”行为,认为这股“分散势力”使多哈谈判雪上加霜,甚至认为区域贸易协定带来的经济收益弊大于利。[①] 笔者认为,区域自由贸易协定是在多边贸易谈判长期无果的情况下,自然而然趋向的一种补救措施,区域贸易虽然没有直接解决多哈谈判中的发展问题、农业问题和棉花问题等,但是从区域贸易协定来看,它们有着共同利益诉求,或者是期望形成共同利益的国家率先予以确定了,而且贸易协定之间形成了相互借鉴的“关联关系”,这无形中缩小了各国在贸易某些方面的诉求差距,对于多边谈判也是一个利好的方面。但不可否认的是,多边与区域并存的局面必然会产生冲突,而且目前区域和双边自由贸易协定的发展势头已经完全掩盖了多边贸易谈判的辉煌历史,这给多哈回合又蒙上了一层阴影。

(三)“一带一路”倡议

“一带一路”倡议提出后就一直广受国际关注,WTO总干事阿泽维多在2017年5月14日举行的“一带一路”国际高峰论坛上接受记者采访时说,“一带一路”倡议为脆弱的全球经济提供了新的对话模式,有助于改善国际经济环境。他同时指出,“一带一路”倡议与WTO的《贸易便利化协定》之间是一种相互促进的关系,贸易便利化协定旨在减少通关时间,而“一带一路”倡议则能减少贸易过程中的花费,降低交易成本。至

---

① 参见曾令良:《多哈发展议程的困境与出路》,载《理论月刊》2004年第7期。

此,不禁要问“一带一路”倡议究竟为何?其实,自 2013 年习总书记提出以来,关于“一带一路”倡议的宗旨、目标、涉及的范围似乎给人一种十分模糊的感觉,而这正是其与 WTO 鲜明的规则性不同的地方。

1.“一带一路”倡议与 WTO 治理模式

在上述部分,我们谈到 WTO 多边贸易体制和多哈困境,这些均说明 WTO 规则似乎无力应对当今世界的经济危机。王瀚教授在 2017 年丝绸之路国际博览会上提出,WTO 是一种有限的“硬治理”,WTO 以规则和国际机制为导向,以法律规则为基础。因此,WTO 十分强调成员的义务和责任,并要求共同维护规则,却忽视了成员的在经济发展和自身发展中的差异。笔者认为,WTO 并非忽视成员之间的差异,而是其治理模式必然会造成贫富差距和利益分歧,这也是其发展数年来仅仅达成《贸易便利化协定》一项多边协定的原因所在。“一带一路”提倡“开放、包容、共赢、合作”的理念,关注国家之间的经济差异,而且不对国家的资格作限制,是一种开放性的合作机制,去掉了 WTO 下的“大国主导”概念。这也是“一带一路”倡议一直给人“模糊印象”的原因,但是这并不等于“一带一路”倡议只作书面文章,自 2013 年提出至今的 6 年多时间里,“一带一路”倡议在贸易流动、资金融通、直接投资、文化交流、人员流动等方面已经做出了实质性的贡献。

2.“一带一路”倡议与中国自贸区战略

中国实施自由贸易区战略只有短短的十年时间,在这之前,中国一直在全力推动 WTO 多边贸易的谈判。但鉴于多边贸易谈判发展缓慢,而自由贸易区在全球范围内已如燎原之火般迅速蔓延,中国不得不再次调整发展战略,一边支持 WTO 多边贸易谈判,另一边则积极发展自由贸易区。自由贸易区战略正式上升为国家战略是在 2007 年的十七大报告中,自此中国积极参与区域和双边贸易的征程正式开启。事实证明,中国自由贸易区战略的提出顺应了国际形势的新变化,符合中国对外开放和对内改革发展的需求。而“一带一路”倡议的实施则为中国与沿线国家,甚至非沿线国家在产业合作、产能合作等方面创造了前所未有的机遇。

第二节 自由贸易园区发展的国际规则与经验

一、《经修订的京都公约》下的自由区规则

2006年生效的《经修订的京都公约》对自由区(Free Zone)进行了专章规定,位于附约D的第二章。《经修订的京都公约》是有关“自由区”规则的主要国际公约,我国于2000年6月15日签署了《经修订的京都公约》,但对自由区进行了保留。附约D中的自由区规则和贸易便利化条款是各国FTZ建设的重要指南,特别是美国,几乎复制了《经修订的京都公约》的贸易便利化举措和自由区规则。因此,有必要探讨《经修订的京都公约》中的自由区规则和其贸易便利化条款,以期对“一带一路”贸易便利化制度建构和沿线国家自由区的建设有所帮助。

(一)自由区制度

《经修订的京都公约》专项附约四是关于海关仓库和自由区的规定,两大内容各自成章。海关仓库或者海关监管仓库的实质是保税储存,与保税区有一定的相似之处。目前欧盟国内的FTZ就采用了两种方式,一种是“海关监管仓库”,另一种是“自由贸易园区”。相对而言,“自由贸易园区”在全球范围内的采用率更高,几乎成了一国单边对外开放的主要形式,《经修订的京都公约》的“自由区”规定在某种程度上成了各国遵守或者参阅的重要规则。

《经修订的京都公约》在立法技术上将条文划分为“标准条款”“过渡性标准条款”和“建议条款”。其中,“标准条款”是缔约国必须实施和遵守的;“过渡性标准条款”主要规定在总附约中,允许缔约国有一个较长的过渡期;“建议条款”主要存在于专项附约中,属于建议性和鼓励性的规定,其目的旨在进一步简化和协调海关制度。专项附约D的第二章自由区由标准条款和建议条款组成,共21条规定,包括4条建议条款。

关于“自由区”的定义,《经修订的京都公约》的规定是:“是指缔约方

境内的一部分,进入这一部分的任何货物,就进口税费(import duties and taxes)而言,通常视为在关境之外。”也就是说,海关对于自由区的管理仅在税费缴纳上区别于自由区外的海关程序。所谓“关外”并非是指在海关法的适用之外,否则一国海关对“自由区”的行政管理将无法可依,甚至无法进行必要的监管。《经修订的京都公约》对“自由区”的界定符合其用途和法律地位。此外,附约 D 以标准条款规定海关应对其监管的安排作出规定,并有权随时检查核对区内储存的货物。

关于货物的准入,《经修订的京都公约》在货物准入方面设计了两项条款,第 5 条的标准条款规定,进入自由区的货物应该包括直接从国外进口的货物以及从自由区所在国境内进入的货物。也就是说,境内外的货物都可进入自由区进行贸易活动。第 6 条是一项建议条款,是关于货物受到禁止(prohibition)或限制(restriction)时的准入方式。但根据第 6 条的规定,不能仅因为货物受到禁止或限制就拒绝其进入区内,除非拒绝原因是基于公共道德或秩序、公共安全、公共卫生或健康,或动植物检疫的需要,或出于对专利、商标和版权的保护。同时,危险货物和需要特别设施的货物只能进入特别设计的自由区。此外,附约 D 还对货物在区内的作业、消费、存放、转让、运出、税费估算等作了原则性的要求。

可以说,《经修订的京都公约》在条款设计上具有很大的开放性,特别是建议条款,这样的软化处理既能保证公约能够被最大程度地接受,又能表明公约试图深度协调海关业务的决心。建议条款具有一定的前瞻性,具有开发潜力和指导价值。

(二)自由区贸易便利化条款

附约 D 自由区制度本身就是贸易便利化的一种模式,可以说,《经修订的京都公约》在贸易便利化原则的指导下,关于自由区的每一条规定都是奔着促进贸易便利化的目的去的。笔者已在本文第二章中对新《经修订的京都公约》的贸易便利化规定进行了分析,特别是有关通关程序和税费缴纳的规定。自由区的海关规定属于整个公约的特别规定,笔者仅就自由区部分的几项便利化条款进行论述。

1. 货物入区申报

根据专项附约D第二章第9条的规定，对于从国外直接入区的货物，如果海关能够从货物的附随单证上获取申报所需的信息，则不应再要求货物履行申报手续。这是一条建议条款，旨在建议和鼓励缔约国简化自由区国际货物的入区申报手续。这一点在WTO的《贸易便利化协定》第7条货物结关与放行中有所发展，TFA不仅建议提交舱单等必要信息，还建议尽量在货物抵达前进行申报等业务办理，并鼓励提交电子单证。从欧美及我国上海的TFZ来看，在入区申报手续上都要求尽量无纸化。可以说第9条的建议已经在全球范围内得到进一步的发展，这使货物入区的申报手续更加的简化和便捷。

2. 货物运出手续

根据第16条标准条款的规定，原则上，《经修订的京都公约》规定区内的货物①可以自由流动至另一自由区，或者置于另一海关制度之下。条件是必须符合运出的规定，并办理相应手续。这里的规定是指缔约国对其自由区有关货物流动的立法，而手续是指货物运出时海关制度通常(normolly required)所需的申报手续，第17条还强调了货物运出申报的唯一性(only declaration)。也就是说，区内货物运出时仅需一次申报手续，而且申报时，海关不得在通常手续之外要求办理其他手续。与货物入区时一样，第18条建议，如果货物从自由区直接运往境外时必须提交单证，则海关不得要求附随单证以外的更多信息。

除在货物进出自由区申报手续上的便利化规定外，专项附约D第二章第10条还建议缔约国海关不得要求进入自由区的货物提供担保。第14条要求不得对自由区货物的存放期设限，除非有特殊情况，但是没有具体规定可以规定期限的特殊情形。因此，《经修订的京都公约》自由区部分的条款呈现的是一种原则性、建议性的状态，给缔约国留下了很大的立法空间。

---

① 包括进入区内的货物和在区内加工的货物。

二、欧美自由贸易园区的发展战略及经验

(一)欧盟

1988年,欧共体发布了2503/88(EEC)条例①(以下简称2503条例)和2504/88(EEC)条例②(以下简称2504条例),正式在欧共体框架下确定了自由贸易区制度。2503条例是关于在划定的区域实行自由贸易的规定,这类自由贸易园区就是一国目前普遍采用的形式,如我国上海自由贸易园区。2504条例则主要是关于海关监管仓库(Customs Warehouses)的规定,海关监管仓库实质是限制园区内自由贸易的一项措施,凡进入园区的货物必先经由海关报关,方可享受园区内的优惠。由此,欧盟的自由贸易园区就自然而然地被划分成为两类。

欧盟自由贸易园区的贸易便利化措施主要源自《欧共体海关法典》的规定,该法典后更名为《欧盟海关法典》。为了适应信息技术的发展,欧盟对法典进行了修订,新版《欧盟海关法典》于2013年10月9日通过。据此,欧盟自由贸易园区的便利化措施主要有:(1)免除报关手续。由于欧盟区别对待欧盟国家的货物与非欧盟国家的货物,因此只有来自欧盟成员方的货物享受免除手续的便利,而来自其他国家的货物仍旧需要进行报关。(2)海关手续电子化与信息共享。新版《欧盟海关法典》的目标之一就是逐步实现海关手续的电子化,对于需要报关的货物和经营者而言,这无疑是一种次优的便利化措施。在海关系统电子化的基础上,通过信息共享技术将经营者提供的报关信息进行传输和分配,能够大大缩减报关的时间。(3)经认证的经营者。经营者一旦通过欧盟的认证,将被所有欧盟成员方承认,在报关过程中享受相应的优惠措施。

(二)美国

美国FTZ建立的时间较早,立法和实践经验都较为丰富,学者对美

---

① 《海关仓库理事会条例》。

② 《自由区与自由仓库理事会条例》。

国 FTZ 的研究也表现出了相应的热情。关于 FTZ 称呼的问题,周阳在其关于美国 FTZ 的文章和著作中都采用了“对外贸易区”[①]的叫法,因为美国对 FTZ 的全称是“Foreign Trade Zone”。在其《美国对外贸易区法律问题研究》一书中,周阳指出,有关 FTZ 在“境内关外”的说法是有待考究的。因为“关外”中的“关”应该指的是“海关关境”,对海关关境的普遍理解是海关法律适用的全部领域。按照这样的解释,“关外”就是不适用海关法律的意思,也就意味着不受海关监管,但实际上海关监管 FTZ 的,而美国联邦法第 19 卷第 146. 1 条规定该法所指的“海关关境”是美国一般关税适用的美国领土,[②]这一解释似乎更符合 FTZ 的实质。除关税上的例外,海关法中还有其他规定,如报关、贸易便利化措施等皆适用于 FTZ。

FTZ 是否成功的关键测评要素有贸易便利化程度、通关效率和交易成本。[③] 在上述欧盟 FTZ 的贸易便利化措施中,我们可以看到,诸如免欧盟成员方手续、实行 AEO 认证制度和推行电子信息系统等措施实际都是在简化通关手续,进而提高通关效率。笔者认为,贸易便利化程度实则涵盖了通关效率和交易成本等要素,因为通关效率提高和交易成本的降低就是在促进贸易便利化。同样,美国在 FTZ 贸易便利化上的努力也是围绕上述三个要素进行的,而且美国的 FTZ 立法一直都走在国际前沿,特别是其《1934 年对外贸易区法》,该法与《经修订的京都公约》的自由区规定几乎是一致的,而且美国是一个善于法律输出的国家,在接受国际规则的同时,还不断创新国际规则。美国在加入修订后的《经修订的京都公约》时有这样的表述,即美国加入后可以继续在海关和国际贸易便利化方面起到带领作用。

在美国 FTZ 贸易便利化措施中,最具代表性的是对货物监管体制的

---

① 参见周阳:《美国对外贸易区法律问题研究》,法律出版社 2015 年版;周阳:《论美国对外贸易区的立法及其对我国的启示》,载《社会科学》2014 年第 10 期;周阳:《美国对外贸易区分区发展的里程碑——“阿姆科钢铁公司诉思坦斯”案述评》,载《美国问题研究》2014 年第 2 期;周阳:《论美国对外贸易区的建立、发展与趋势》,载《国际贸易》2013 年第 12 期。

② 参见周阳:《美国对外贸易区法律问题研究》,法律出版社 2015 年版,第 17 页。

③ 参见舒琴芳:《中国(上海)自由贸易试验区海关监管服务改革创新研究》,载《海关与经贸研究》2014 年第 5 期。

发展和创新。货物分类监管是美国对 FTZ 监管制度的一大创新。认识到对外贸易区巨大的货物流量,监管单个企业不利于对外贸易区的监管工作和正常的货物进出活动。美国根据货物所享受的税收政策,或者说在对外贸易区的法律地位,将货物分为“特惠外国货物”“非特惠外国货物”“国内货物”“对外贸易区受限货物”。分类的优势在于,一是简化了监管手续,四种货物设施四种监管方式即可,免去了逐个监管企业的冗杂程序。二是降低了监管成本,实行货物分类监管后,人力、时间和费用也相应减少。

第三节　中国自由贸易区与“一带一路”贸易便利化

一、中国自由贸易区战略与贸易便利化发展机制

这里的自由贸易区取广义上的概念,包括中国所签署的自由贸易协定和单边的自由贸易园区。

(一)中国自由贸易园区建设概况

自 2013 年中国(上海)自由贸易试验区成立以来,中国陆续成立了中国(广东)自由贸易试验园区、中国(天津)自由贸易试验区、中国(福建)自由贸易试验区、中国(辽宁)自由贸易试验区、中国(浙江)自由贸易试验区、中国(河南)自由贸易试验区、中国(湖北)自由贸易试验区、中国(重庆)自由贸易试验区、中国(四川)自由贸易试验区、中国(陕西)自由贸易试验区、中国(海南)自由贸易试验区,目前国内共有 12 个自贸区。

这 12 个自由贸易园区是分批次成立的,数量上依次递进,省份逐渐由沿海转向了内陆地区,特别是在第三批成立的 FTZ 中,仅有浙江沿江,其他 6 个自贸区均处内陆且逐渐北方地区和西部地区延伸,这无疑为内陆经济的发展增添了新的引擎。同时,各自贸区所在省份都在积极构建多元化的交通网络,除沿海沿江自贸区独有的先天运输优势外,内陆省份将目光转向了航空和铁路运输,具有代表性的当属西南地区的重庆、四川与西北地区的陕西省。“一带一路”倡导设施联通和贸易畅通与自贸区

未来的发展密切相关。蓉欧国际快速铁路货运直达班列(以下简称蓉欧班列)从四川成都出发,途径宝鸡、兰州、阿拉山、哈萨克斯坦、俄罗斯、白俄罗斯,直达波兰罗兹;“渝新欧”则从重庆出发,途径西安、兰州、乌鲁木齐、阿拉山、哈萨克斯坦、俄罗斯、白俄罗斯、波兰,到达德国的杜伊斯堡。这两条线路将我国西南地区、西北部分省份与俄罗斯、哈萨克斯坦和欧洲串联起来,打通了我国内陆地区通往欧洲的陆上运输。这给四川 FTZ 和重庆 FTZ 的货物运输、人员流动、外资投放等都提供便利的交通条件。而位于内陆的陕西 FTZ 则需要将目光投向“临空经济”,主要的依托是咸阳国际机场。根据国家民航局“十三五”规划,咸阳国际机场是西北地区的重点建设对象,陕西省政府已经逐步启动了空港新城、高新区、机场扩建等工程,并逐步完善机场周边的交通设施,推动咸阳国际机场成为西北地区的运输枢纽。目前,已有海航现代物流集团、法国赛峰公司等落户陕西自贸区,入区企业总数已达 3000 多家。

总体来讲,在推动园区贸易便利化方面,除上海已经形成稳定的方案之外,其他 FTZ 尚处在学习和摸索阶段,现阶段在贸易便利化方面的主要进展就是交通运输基础设施建设工作的成效。因此,本文将重点介绍和分析上海 FTZ 及其贸易便利化举措,以推广其发展经验,为其他 FTZ 学习和借鉴。

中国(上海)自由贸易试验区(China—Shanghai Pilot Free Trade Zone),又称上海自由贸易区(以下简称上海自贸区)。上海自贸区成立于 2013 年 9 月 29 日,是国家设立的第一个综合性自由贸易区,业务主要包括贸易、服务、投资、融资、保税、转口、以及离岸业务等。上海 FTZ 的成立是中国自发的以经济发展推动政府职能转变,实现更深层次对外开放的一条探索路径。上海 FTZ 在成立之初,被称作中国 FTZ 的“试验田”,其用意有二点,一是在“关内境外”实现对外开放面临的风险具有不确定性,这个风险一方面来自 FTZ 前沿的经济制度,如金融风险的防控;另一方面来自人为的阻碍,如利益集团。二是国内没有开展 FTZ 的经验,特别是在 FTZ 金融创新、负面清单等多项前沿经济贸易制度方面是缺乏理论和实践的。之所以将 FTZ 的首试点选在上海是与上海自身的经济发展水平是分不开的，上海一直是大陆的经济和金融中心，而且地理位置优越，在海运和空运上都有得天独厚的条件，加之国家政策的支持，上海近几年在贸易、金融、物流运输等方面都已具备国际化水准。因此，在上海进行 FTZ 试验更有成功的把握，而且有利于形成可供复制推广的经验。

从 FTZ 的规模上来看，上海 FTZ 下辖 5 个片区分别是综合保税区(外高桥保税区、外高桥保税物流园区、洋山保税港区)、陆家嘴金融城、金桥经济技术开发区、张江高科技园区和世博片区。5 个片区的主要功能定位是综合贸易高端服务区、高端金融服务、生产制造、科技创新、投资开发。曾有学者争论上海 FTZ 的意义为何。一些学者认为是贸易体制改革，而一些学者认为不单纯是贸易，还有投资。笔者认为，上海 FTZ 是国内首家试点的 FTZ，其对贸易、投资、金融等都具有示范意义。2014 年 7 月 25 日，上海市人大常委会发布了《中国(上海)自由贸易实验区条例》(以下简称《实验条例》)。该法不仅是调整上海 FTZ 的基本法，也肩负着推广上海 FTZ 经验的任务。实验条例共九章，涉及条例宗旨、管理体制、投资开发、贸易便利、金融服务、税收管理、综合监管、法治环境等重要内容。从实验条例的规定来看，贸易及其便利化是上海 FTZ 的重点改革对象，同时，投资开发和金融服务等也是其探索的重点目标，而且投资开发中的“负面清单”和综合监管中的“事后监管”都是实验条例的亮点和热点内容。此外，从实验条例草案的修订意见报告来看，各专家学者不仅仅关注贸易便利化问题，还关注金融制度的创新等问题。因此，上海 FTZ 并非是单一的贸易体制改革，而是一个多元化的经济体制创新模式。

经过五年多的摸索和实践，上海 FTZ 已经构建了自己较为完善的服务体系，制定了较为成熟的法律和政策，其在贸易便利化中的举措也是可圈可点，具有复制和推广的价值。

(二)上海自由贸易园区贸易便利化政策

2013 年 9 月 30 日，《海关总署关于安全有效监管支持和促进中国(上海)自由贸易实验区建设的若干措施》(以下简称《措施》)生效。《措施》特别突出了对海关监管方式的创新，提出在“一线放开”的前提下，进一步简化申报手续,实行货物状态分类监管,在二线控制风险,采用信息化监管系统,进而提高货物通关效率。2014 年 7 月 25 日,《中国(上海)自由贸易试验区条例》(以下简称《条例》)通过,条例第四章贸易便利化制度即采纳了《措施》中的贸易便利化措施,并借鉴了国际贸易的先进经验。

1. 国际贸易单一窗口

在第二章中,笔者分析论述了一般进出境的海关程序简化制度,其中的便利措施包括监管互认、执法互助、信息互换等。这既是《经修订的京都公约》中的指导措施,也是 WTO《贸易便利化协定》中具化的内容,已经在很多国家得到践行和发展。上海要建成国际水平的 FTZ,就必须建立与国际贸易相适应便利化平台。国际贸易单一窗口是上海 FTZ 的货物在区内跨部门流动的综合管理服务平台,也是实现监管互认、执法互助、信息互换的技术平台。[①] 国际贸易单一窗口来自国际上的“单一窗口”和“一站式检验”等经验。单一窗口依靠电子信息技术,将海关、检验检疫部门和边境执法等部门链接在一起,形成货物流动和海关监管的信息集散地。通过这样一个“枢纽”,可以迅速将相关信息传送到海关业务办理部门。借助于电子信息技术,单一窗口能够实现 FTZ 的无纸化报关和货物流动,大幅度简化报关手续。此外,《条例》建议企业提交管理部门要求的标准化电子信息。这里的标准化要求应该是指各部门统一的标准,甚至是全国统一的标准,或者在一定条件下采用国际统一的标准。因为只有标准化的电子信息才有助于无障碍接收和审查,实现一次提交,反复使用。

2. 货物监管

《条例》采纳了《措施》提出的“创新海关监管、推动贸易便利化”措施,总体要求可以概括为“一线放开、二线管住、区内自由、分类管理、功能拓展”。[②] 根据《条例》第 18 条的规定,一线是指对园区与境外之间,二线

① 《中国(上海)自由贸易试验区条例》第 21 条。

② 参见洪俊杰、赵晓雷:《中国(上海)自由贸易试验区发展机制与配套政策研究》,科学出版社 2016 年版,第 224 页。

是指园区与境内区外之间。根据“一线放开、二线管住、区内自由”的原则,上海 FTZ 允许外国货物自由进出园区。但放开并不意味着完全脱离海关的监管,而是最大限度地简化和减少海关在一线的监管手续,只对入区货物的单证进行审查和验证,将监管的重心放在二线和货物离开园区之后,即重视事中监管和事后监管,以便货物进入园区并在区内自由流动。为提高监管效率,《条例》规定要根据“货物状态”实行分类监管,即将货物分为“境外进入区内的货物”和“区内和境内区外之间进出的货物”,前者可凭进口舱单先行报关入区,后者实行进出境备案清单比对、企业账册管理、电子信息联网等方式。分类监管能够满足园区内企业各类业务,如保税加工、保税物流和保税服务等的发展需要。[①] 这虽与美国对外贸易区的货物分类监管在分类方式和监管措施上有一定的区别,但二者都能够简化监管程序,提高监管效率。《条例》的分类监管措施符合上海 FTZ 自身的发展现状,而且具有拓展创新的空间。

3. 检疫检验

《条例》主张进口检疫、适当放宽进出口检验、方便进出、严密防范质量安全风险的原则。(1)对于境外货物分为检疫范围和非检疫范围,属于检疫范围的货物不得免于检疫。对于境外进入区内的货物,只对重点敏感货物进行检验,其他货物无需检验。这样一来,只有少量的货物在入区时需要同时进行检疫检验。(2)对于区内出区的货物,采取预先集中检验措施,以便分批核销放行,但保税展示商品除外。预检验制度的好处是能够减少区内货物出区时等待检验的时间,便于货物快速的出区放行,这一点恰好体现了适当放宽出口检验和方便进出的原则。(3)为了防范宽松的检疫检验制度造成的质量安全风险。《条例》规定在园区内建立第三方检疫鉴定机构,使用国际通行的检疫检验规则,增加第三方检疫检验结果的准确性和权威性,以便采信。如前所述,在园区内推行信息化和无纸化贯穿于货物流动的各个阶段。为了便于对疫病疫

① 参见洪俊杰、赵晓雷:《中国(上海)自由贸易试验区发展机制与配套政策研究》,科学出版社 2016 年版,第 225 页。

情的风险管理,《条例》建议检疫检验部门运用信息化手段,实施无纸化申报、签证和放行。[1] 信息化手段能够提高货物风险信息收集和通报的速度以及分析和运用的精确度。

4. 货物的国际流动

上海 FTZ 不是单纯的输入园区,《条例》第 22 条规定,园区实行内外贸一体化发展。也就是说,上海 FTZ 园区内的企业可以开展国际国内双向贸易。这样规定的优势有二点,一是能够增强区内企业的国际竞争力,打造成为国际先进的技术型和服务型企业;二是有助于企业基础性业务转型升级。[2]《条例》对企业的转型升级并没有作深入的分析,条例出台时,上海 FTZ 处于开始的摸索阶段,对于适合区内贸易的类型不可能作出确切的评估,但随着上海 FTZ 的发展,区内企业的跨境业务或者国际业务会逐渐增加,可以说,《条例》为日后 FTZ 的制度创新留下了充足的空间。同时,为与区内企业的国际业务配套,上海 FTZ 在国际运输方面加强了与海港、空港等交通枢纽的合作,使上海 FTZ 形成具有国际运力和竞争力的自由贸易园区,保障了园区内货物和企业在跨境流动中的便利性。

除上海自贸区已经形成较为成熟的贸易便利化规则之外,其他自由贸易试验区都立足于各自所在区位的特点和经济发展需求,旨在以制度创新,构建便利贸易和投资的高水平贸易园区。2019 年 3 月 26 日,中国(海南)自由贸易试验区已经发布了《中国(海南)自由贸易试验区重点园区极简审批条例》,该条例已于 2019 年 4 月 1 日开始实施。该条例旨在推动海南自由贸易试验区和中国特色自由贸易实验港的建设,营造法治化、国际化和便利化的营商环境。海南自由贸易试验区目前已经发布了两批制度创新成果,如贸易账户联动业务,目的在于为企业提供跨境收支、跨境融资等服务。中国各大自由贸易园区的制度创新将不断提升各自园区的贸易便利化水平,为与沿线国家之间自由贸易园区之间的合作奠定基础。

---

① 参见《中国(上海)自由贸易试验区条例》第 20 条。

② 基础业务包括国际贸易、仓储物流、加工制造等。

二、中国与“一带一路”国家自由贸易协定下的便利化条款

中国在加入 WTO 后，也紧跟区域贸易的步伐，2002 年与东盟签署了《中国—东盟全面经济合作框架协议》，之后逐渐将重心放在了双边自由贸易的谈判中，特别是 2007 年自贸区战略被写进十七大报告之后，中国全面展开了 FTA 的谈判工作，为中国的经济发展和对外开放再添新路径。

（一）中国双边自贸区协定的主要内容

从已签署协定来看，中韩自贸区协定涵盖的内容最为广泛，包括货物贸易、服务贸易、原产地规则、海关程序和贸易便利化、植物与植物卫生检疫、技术性贸易壁垒、贸易救济、投资、金融服务、自然人移动、知识产权、竞争政策、电信、电子商务、透明度、环境、经济合作、机制条款、争端解决、一般条款等，基本上覆盖了一个高水平自贸区协定的所有内容，是迄今为止中国签订的合作内容最全面、贸易额最大的自贸区。

（1）中韩自贸区协定的亮点

中韩自贸区协定的亮点包括：承诺采用准入前国民待遇和负面清单；设立电子商务章节；地方经济合作。根据《中韩自贸区协定》第二章第二节第 2.3 条的规定，各缔约方必须根据 GATT 1994 第 3 条和其注释给予另一缔约方的货物国民待遇，这一条与 GATT 对区域自由贸易的安排一致。“准入前国民待遇和负面清单”是国际投资准入的一种先进管理模式，该模式于 2013 年在中国（上海）自由贸易园区开始试点，虽然进入中国的时间较短，但作为一种国际贸易投资的新趋势，中韩自贸区协定这一亮点对未来自贸区协定的谈判具有示范作用。

（2）中韩自贸区协定对中日韩 FTA 的影响

日本与韩国在出口贸易方面极为相似，主要为电子产品和工业器械。中韩自贸区签订后，日本电子产品的出口必然会受到冲击，将会推动中日韩自贸区的谈判进程。中日韩自贸区自 2002 年提出后，由于日本的“观望”态度，谈判一直处于停滞的状态。随着中国国际贸易地位的提升，以及中韩自贸区谈判的压力，日本政府对中日韩自贸区协定的谈判态度有所缓和。

从签署协定的覆盖范围来看，自贸区协定的合作范围逐渐扩大、程度

不断加深,从基本的货物贸易、服务贸易、原产地条款、海关程序与贸易便利化等,逐渐延伸至竞争政策、经济合作、电子商务等更深层次的内容。(见表3)

表3 中国现有自贸区协定中的主要条款

协定＼内容	货物贸易	服务贸易	原产地规则	海关程序和贸易便利化	植物与植物卫生检疫	技术性贸易壁垒	贸易救济	投资	自然人移动	知识产权	竞争政策	电子商务	透明度	环境	机制条款	争端解决	一般条款
中国东盟(10+1)	√	√	√													√	
中国—东盟	√	√	√													√	
中国—巴基斯坦	√	√	√													√	
中国—智利升级	√		√		√	√	√						√		√		
中国—智利	√		√	√					√							√	
中国—新西兰	√	√	√	√	√	√	√	√	√	√			√		√	√	√
中国—新加坡	√	√	√	√	√	√			√							√	
中国—新加坡升级	√	√	√	√	√	√	√	√	√							√	
中国—秘鲁	√		√	√	√	√	√	√	√	√			√				
中国—哥斯达黎加	√		√	√	√	√	√	√		√			√			√	√
中国—冰岛	√		√	√	√	√										√	
中国—瑞士	√		√	√												√	
中国—韩国	√	√	√	√	√	√	√	√	√	√	√	√	√	√	√	√	√
中国—澳大利亚	√	√	√	√	√	√	√	√	√	√	√	√	√	√		√	√
中国—格鲁吉亚	√	√	√	√	√	√	√	√		√	√	√	√	√	√	√	√
中国—智利(升级)	√	√	√	√	√	√	√	√		√		√	√	√		√	√
中国—马尔代夫	协定文本尚未公布																
内地与港澳更紧密经济合作安排	协定文本尚未公布																

资料来源:根据"中国自由贸易服务网"的相关资料整理。

(二)与“一带一路”国家双边自由贸易协定签署概况

从目前协定的签署情况来看,已签署的协定中,发达国家与发展中国家占比基本持平。单从谈判时间和谈判回合来看,与发达国家的谈判时间普遍较长,其中与澳大利亚的谈判历经10年21轮,这在一定程度上反映了两大经济体之间存在较多的一体化障碍。已签署的协定中,有3个目前处于升级状态,分别是中国与新加坡、中国与东盟(10+1)、中国与智利。其中,中国与新西兰自贸区协定最具历史意义。新西兰是首个承认中国独立市场经济地位的发达国家,也是第一个与中国签署自贸区协定的发达国家。2016年11月20日,中新两国宣布启动中国—新西兰自贸区协定升级版谈判,将涉及服务贸易、海关程序合作和贸易便利化、原产地规则、农业合作等多个领域,这也反映了中国对外自贸区协定合作内容的逐渐深化。

截至目前,中国已经签署了17个自贸区协定,①正在谈判的自贸区有14个,②正在研究的自贸区有8个,③涉及“一带一路”20多个国家。根据国务院《关于加快实施自由贸易区战略的若干意见》的规定,与“一带一路”沿线国家共商共建自由贸易区将成为中国未来自贸区发展的一大方向。

从签署的区域分布来看,与东南亚、南亚地区的进展较快,与中亚、西亚北非、独联体等需要加快合作;从协议中的贸易便利化程度来看,与新加坡、格鲁吉亚的便利化条款最为全面,与东盟和东盟(10+1)的条款较为原则;从与《贸易便利化协定》的衔接来看,中国—格鲁吉亚协定中的便利化条款规则更趋近与多边贸易便利化下的条款设置。

除已签署和正在升级的协定外,中国与斯里兰卡、以色列、挪威、海合

① 已经签署的自贸区协定,涉及“一带一路”沿线国家的有中国—马尔代夫、中国—格鲁吉亚、中国—新加坡、中国—巴基斯坦、中国—东盟、中国—东盟(10+1)升级、中国—新加坡升级。

② 中国正在谈判的自贸区协定,涉及“一带一路”沿线国家的有中国—海合会、中国—斯里兰卡、中国—以色列、中国—巴基斯坦第二阶段、中国—巴勒斯坦、中国—摩尔多瓦。

③ 中国正在研究的自贸区协定,涉及“一带一路”沿线国家的有中国—尼泊尔、中国—孟加拉。

会、摩尔多瓦、巴勒斯坦等“一带一路”沿线国家也正在进行积极的谈判,未来中国还将进一步增加自贸区协定谈判的对象,进一步升级已经签署的协定,与更多的“一带一路”沿线国家展开更加密切和高水平的经济合作。(见表4)

表4 中国与“一带一路”国家自贸区协定中的主要贸易便利化条款

协定＼内容	便利化	透明度	预裁定	信息技术的应用	抵达前处理	海关担保	经认证经营者	边境机构合作	行政费用与手续	国民待遇	关税削减和取消	风险管理	原产地证书的核查与免除	联络点	国际标准	电子单证	信息交流与合作	第三方发票	等效性	联合工作组
中国—东盟(10+1)		√								√	√			√						
中国—东盟		√								√	√			√						
中国—巴基斯坦		√				√			√	√	√	√		√	√		√		√	
中国—新加坡		√	√							√	√	√	√	√	√	√	√	√	√	√
中国—新加坡升级		√	√							√	√	√	√	√	√	√	√			
中国—格鲁吉亚	√	√	√	√	√	√	√	√	√	√	√	√	√	√	√	√	√	√		
中国—马尔代夫	协定文本尚未公布																			

资料来源:根据“中国自由贸易服务网”的相关资料整理,截止日期2019年4月5日。

(三)与“一带一路”国家双边自贸区协定中的贸易便利化条款

除与东盟和东盟(10+1)的协定外,其他签署的协定都单章规定了“海关程序”,中国—格鲁吉亚协定中还特别单条规定了便利化。在便利化条款的设计上,呈现逐渐向多边规则靠拢的趋势,如AEO、抵达前处理、信息技术的应用等。较早的协定中,如中国—新加坡、中国—东盟等,便利化条款在设计上不够具体,但是大多已经涵盖了国际上一般要求,如“等效性”即是对相关证书的互相认证,“风险管理”即是重点监管高风险货物,“行政费用和手续”即是要求仅作必要性收取。因此,在上面的表格项目下,这些便利化条款是综合所有已经签署的协定整理得出的,并非中国与“一带一路”沿线国家签署自贸区协定的统一便利化条款要求，表明了中国与“一带一路”沿线不同国家间贸易便利化条款的差异。

1. 海关程序

所有成章规定海关程序与贸易便利化的协议都对“海关程序”给出了定义，但在定义方式上稍有区别，中澳协定第 4. 1 条采用了概括的方式，即是指各方海关当局实施的措施。这样在解释上就有了充足的空间，也给海关拓展相关便利措施留有余地。而中韩协定、中国—格鲁吉亚协定则指明了程序的实施对象，即针对货物和运输工具。关于双方海关的合作问题，协定中对合作互助提出了原则性的要求：(1)合作内容的确定性。即以双方在“海关程序与贸易便利化”章节规定为准，有些协定中还包括双方单独签署的合作与互助协定，如《中华人民共和国海关总署与格鲁吉亚共和国海关委员会合作与互助协定》。(2)透明度。即对可能影响合作实施的事件及时告知对方，主要是指海关法律、法规或程序的重大修改。(3)边境机构协作。要求缔约方对其涉及货物进出口或过境活动的部门在程序上进行协调，并尽可能建立信息的电子化交换系统，以便利货物和运输工具的通关。在具体程序的简化方面，针对货物放行手续的简化，一是总体要求创造“无纸贸易环境”和“货物到港前提交单证信息”。这一做法与《经修订的京都公约》和《贸易便利化协定》的规定一致，可以有效提升海关行政效率，减少货物等待时间。二是针对“快件”和“易腐货物”的特殊规定。对于“快件”，一般规定给予单独和快速的海关程序，该程序所要求的文件必须尽可能减少，鼓励以电子形式提交，且不考虑快件的重量和海关估价，除非国内法另有规定。虽并非所有协定都有此规定，但一般都会在货物放行条款的子项下确定“若货物有紧急通关需要时，可获得快速通关服务”，对于“易腐货物”则允许在海关工作时间之外给予放行。三是适用海关担保制度。对于已经提供足额且有效担保的货物，可在“不存在危险”的情况下予以放行。[①] 此外，所有协定都要求实施“经认证经营者”制度，即“AEO 制度”，这一要求遵循了 WCO 的

① 不存在危险是指海关已经决定无须进一步审核、查验或提交其他任何材料。

“全球贸易安全与便利标准框架”(“SAFE 框架”)的做法,不但有助于经认证经营者的快速通关,也有助于简化海关监管手续。

2. 海关监管

针对贸易便利化下的海关监管问题,或者说海关对风险的管理措施,协定采用“重点监管高风险货物”和“事后稽查”的方式。综观世界各国自贸区协定、WCO 标准和 WTO《贸易便利化协定》在海关监管上的举措,基本上区分为“事前监管、事中监管和事后监管”,而且以“事中监管和事后监管”为主,为便于货物通关,事前监管都给予了一定程度的放松政策,主要采用审验单证的方式。我国对外自贸区协定的做法与之相似,以货物风险的高低作为判断是否重点监管的标准,让低风险货物享受快速通关的优惠。对于风险判断的标准没有具体的规定,交由缔约方设定,但要求避免武断和不公正,不得有歧视性措施。在后续稽查方面,要求高效的、有根据的公正实施,不得因为事前的放松措施而事无巨细地展开稽查。也就是说,贸易便利化措施贯穿于海关监管的各个阶段,所实施的措施必须便利贸易商的贸易活动。

3. 一致性要求

为了维持和沿用国际上普遍适用的贸易规则,协定要求缔约国统一、公正、合理的适用这些法律法规,这将有助于减少缔约国之间在某些海关规则上的冲突,便于贸易商知晓规则,同时便于双方海关信息互换与合作。关于海关估价,协定要求缔约方根据 1994 年《关税与贸易总协定》第 7 条的规定,以及《海关估价协定》的规则进行,即统一采用“进口货物成交价”的估价标准。由于目前在“海关估价”方面一些国家仍采用“正常价格”,这一要求能够避免缔约双方在估价标准上的差异,从而提高通关效率。关于税则归类,协定要求缔约双方根据《协调商品名称及编码制度的国际公约》,从中可以看出协定非常重视对国际标准的采纳和利用,这使自贸区协定整体上呈现为国际化的高水平合作。

三、中国与“一带一路”沿线国家自由贸易园区合作模式新构想

在“一带一路”贸易便利化的法律问题上,在排除掉统一多边规则适

用的可能以后，除扩大与加深现有区域的和双边的合作之外，有必要探索更加灵活的适合于“一带一路”国家特点的合作模式。双边自由贸易协定及于一国全部的领土，自由贸易园区则是在一国领土之上开辟的一块便于贸易等自由流通的特殊区域。

如果受限于现有海关措施、基础设施和合作能力等因素，且这些现实状况的改变不仅需要构建一定的法律规则、法律基础，还需要多年的完善才能逐渐提升跨境贸易的便利水平，现实的贸易需求仍不可能中止，而是需要寻找问题的解决出路。因此，笔者大胆假设，如果沿线国家都有类似于自由贸易园区的货物贸易自由区，那么两国可以在此基础上达成合作协议，互相给予对方各自自由贸易园区下的所有便利条件，如中国上海自由贸易园区与新加坡自由贸易园区，或与格鲁吉亚自由贸易园区。但由此产生了两个重要问题：一是与中国同为 TFA 缔约国，或已签订双边自由贸易协定的，或既同为 TFA 的缔约国，又有双边自由贸易协定的，是否有必要再在某个自由贸易园区层面达成协定，确定货物贸易便利化的新的法律或制度规则？笔者认为很有必要。自由贸易园区代表一国或国内某个区域贸易便利化的最高水平，其便利化举措往往高于多边、区域和双边协定中的措施，因此，对于已经与中国有多边、区域、双边合作的沿线国家，在自由贸易园区层面达成的协定是更高一层的，其便利水平必然是更高一级的，即进一步推动了双边贸易的自由化与便利化。而对于与中国无上述任何一种合作的，通过双方自由贸易园区搭建起来的平台而言，无疑是打开了双方合作的大门。二是两国自由贸易园区的便利化水平级别不同，是否需要根据对等原则达成协定？笔者认为，如果按照对等原则会产生诸多弊端。如果对方是水平较低的国家，那么若中国坚持对等的水平，对方可能就失去了磋商的期待。而且中国本身的目的是促进“一带一路”的贸易便利化，因此以自身自由贸易园区的水平不加歧视地与所有沿线国家达成合作才显得较为妥当。若对方园区的贸易便利化水平较高，中国也能享受更高的货物贸易待遇。简言之，即坚持贸易便利化措施就高不就低的原则。

在自由贸易园区合作的方式上，笔者认为，不能仅仅以各国现有的园区为限,若各自对园区有特殊要求,可以通过协议在对方国家经特许设立专门用于贸易的区域,以增加合作方式的灵活性。在笔者开始构想的时候还不曾有国家进行此类的尝试,但中美近期已经开始了此种合作的磋商。据悉中美将互设自由贸易港,其中,中方选择了上海,美方选定的城市则有待公布。这很有可能成为未来各国推进贸易便利化的普遍模式,中美的先行示范将为中国与“一带一路”沿线国家此类合作提供规则和法律制度上的借鉴。

从上述分析可以看出,未来中国与“一带一路”沿线国家在自由贸易协定的谈判中必须坚持三项基本原则:(1)尽可能与 WCO 等确立的便利措施和国际标准保持一致;(2)所有便利化措施都应本着必要性的原则,避免随意性和无根据的手续障碍;(3)在条款设计上留有开发空间,要求对便利化措施进行定期审议,寻求便利双边自由贸易的最佳方案。同时,自由贸易园区代表了一国贸易便利化的最高水准,甚至超过了 WTO《贸易便利化协定》中的某些便利措施的水准。鉴于“一带一路”沿线国家众多且不可能达成统一的贸易便利化机制的情况,除与中国一同参加《贸易便利化协定》,或有双边自由贸易协定的沿线国家之外,还存在大量徘徊在多边贸易便利化规则之外,且与中国尚未签订双边自由贸易协定的国家,如果这些国家设有自由贸易园区,那么就有可能在此基础上形成一种非双方政府之间的“默契”,即互相给予各自自由贸易园区中的便利化待遇,这也是构建“一带一路”贸易便利化机制的重要组成部分。

第六章 “一带一路”贸易便利化的制度建构

贸易便利化的区域主义转向说明多边规则存在固有的缺陷，特别是在“一带一路”沿线国家复杂的经济政治条件下，更不可能直接适用《贸易便利化协定》，或达成另一个统一的多边规则。推进“一带一路”贸易便利化必须聚焦于首要矛盾——货物通关便利。围绕货物通关的便利，在区域、双边和单边层面共同构建“一带一路”贸易便利化机制。

第一节 “一带一路”贸易便利化现状

一、“一带一路”国家对国际贸易便利化制度的参与状况

沿线国家的贸易便利化状况十分复杂，本文将采取总体分类和重点分析的方法，对沿线国家贸易便利化的制度和具体条款进行比较分析。由于国际组织对贸易便利化有巨大的推动力和影响力，如 WTO 和欧盟，甚至制定了衡量贸易便利化的指标，如 OECD 和 APEC，故以国际组织的视角去审视现状，有助于宏

观把握沿线国家现有的贸易便利化制度,也能直观反映各国现有制度的差异性。

(一)“一带一路”国家加入国际组织的概况

“一带一路”国家加入的国际组织具有非一致性,[①]大致可以分为WTO成员方、欧盟成员方、欧亚经济联盟成员方。这些国际组织或多或少地影响并推动着国际贸易便利化的进程。从沿线国家的加入程度可以一览其目前的贸易便利化概况。

1. 国际贸易便利化制度的基石——WTO贸易便利化措施

WTO的贸易便利化措施主要源于GATT第5、8、10条的规定,包括之后的区域自由贸易协定和WTO《贸易便利化协定》中的便利措施,都是对GATT的一种继承和发展。因此,GATT的贸易便利化措施是我们评测《贸易便利化协定》和区域自由贸易协定贸易便利化程度的一个基准。TFA基本继承了WTO下的贸易便利化措施,而且进一步简化和升级了货物放行的程序和手续,如引入海关担保制度,对快运货物和易腐货物给予特别优惠措施,采用“经授权经营者”制度等,而且对法规和政策的透明度,以及海关信息的披露方式提出了更高的要求,这也是沿线WTO成员方目前迟迟没有批准TFA的原因之一。WTO和TFA确立了一套适用于多边,或者说试图普及全球的贸易便利化制度,相关条款和措施的深度以及强制性都比较弱,整体便利化水平可能不及欧盟的高度一体化。(见表5)

① 参见胡晓红:《论贸易便利化制度差异性及我国的对策——以部分“丝绸之路经济带”国家为视角》,载《南京大学学报》2015年第6期。

表 5 《贸易便利化协定》与 GATT 中的措施对比

	GAAT 第 5 条	GATT 第 8 条:进出后规费和手续																		
WTO 便利化措施	过境自由	进出口规费	处罚纪律	抵达前处理	电子化单证提交	放行与清关分离	风险管理	清仓审计	放行时间	经授权的经营者	快运	领事要求	海关合作与其他便利事项	程序与手续的简化	法规协调	国际标准	单一窗口	装运前检查	报关代理	暂准进口货物
	是/否	是/否	是/否	是/否	是/否	是/否	是/否	是/否	是/否	是/否	是/否	是/否	是/否	是/否	是/否	是/否	是/否	是/否	是/否	是/否
贸易便利化协定	是/第 11 条	是/第 7 条	是/第 6 条	是/第 7.1 条	是/第 7.1 条	是/第 7 条	是/第 7.4 条	是/第 7.5 条	是/第 7.6 条	是/第 7.7 条	是/第 7.8 条	否	是/第 12 条	是/第 10 条	是	是/第 10.3 条	是/第 10.4 条	是/第 10.5 条	是/第 10.6 条	是/第 10.9 条

	GATT 第 10 条:贸易法规的公布与实施										
WTO 便利化措施	信息的公布与可获取性	信息的互联网公布	咨询点	实施前公布	与贸易商磋商	对提议评论	预裁定	上诉	最惠国待遇	技术支持与能力建设	海关信息交换
	是/否	是/否	是/否	是/否	是/否	是/否	是/否	是/否	是/否	是/否	是/否
贸易便利化协定	是/第 1.1 条	是/第 1.2 条	是/第 1.3 条	是/第 2.1 条	是/第 2 条	是/第 2 条	是/第 3 条	是/第 4 条	是/第 2 部分	是/第 12.1 条	是/第 12.2 条

WTO及其贸易便利化制度在全球范围内的影响最为广泛,首先可以将“一带一路”国家区分为WTO成员方与非成员方。截至目前,沿线有51个国家加入了WTO,约占到沿线国家总数的80%。其中,东南亚国家和中东欧国家的加入状况良好,未加入的国家占比率最小,分别为2%、3%。从区域整体的加入情况来看,西亚北非、独联体国家、中亚区域整体加入状况较差,区域加入比率分别为31.3%、33.3%、40%。(见表6)

表6 尚未加入WTO的沿线国家一览表

区域 (国家总数量)	尚未加入 WTO的国家	占比(%)	
		未加入数量/ 沿线国家总数	(各区域未加入国数量/ 各区域国家总数)
南亚(8)	不丹	1.6	13
东南亚(11)	东帝汶	2.0	9
西亚北非(16)	伊朗 伊拉克 黎巴嫩 叙利亚 巴勒斯坦	8.0	31.3
中东欧(16)	塞尔维亚 波黑	3.0	12.5
中亚(5)	乌兹别克斯坦 土库曼斯坦	3.1	40
独联体(6)	白俄罗斯 阿塞拜疆	3.0	33.3
总占比(未签署国数量/沿线国家总数)		23.4	

资料来源:根据WTO官网数据整理,截止2019年4月5日。

截至目前,全球已有141个国家批准了《贸易便利化协定》,“一带一路”沿线48个国家签署了协定,占到沿线国家75%。其中,东南亚国家和中东欧国家的批准率最高,分别为90.9%、87.5%;中亚国家未批准率较高,为60%。(见表7)

表7　尚未批准《贸易便利化协定》的沿线国家

区域(国家数量)	尚未批准 TFA 国家	占比 (各区域未批准国数量/各区域国家总数,%)
南亚(8)	马尔代夫	25.0
	不丹(未加入 WTO)	
东南亚(11)	东帝汶(未加入 WTO)	9.1
西亚北非(16)	伊朗(未加入 WTO)	37.5
	伊拉克(未加入 WTO)	
	黎巴嫩(未加入 WTO)	
	也门	
	叙利亚(未加入 WTO)	
	巴勒斯坦(未加入 WTO)	
中东欧(16)	塞尔维亚(未加入 WTO)	12.5
	波黑(未加入 WTO)	
中亚(5)	乌兹别克斯坦(未加入 WTO)	60.0
	土库曼斯坦(未加入 WTO)	
	塔吉克斯坦	
独联体(6)	白俄罗斯(未加入 WTO)	33.3
	阿塞拜疆(未加入 WTO)	
总占比(未批准国数量/沿线国家总数,%)		25.0

资料来源:根据 WTO 官网数据整理,截止 2019 年 4 月 5 日。

通过比较沿线国家对 WTO 和 TFA 的参与状况,可以看出,各区域对二者的参与情况基本呈正比,大多数 WTO 成员方同时也批准了 TFA,但从尚未加入的总占比来看,TFA 大于 WTO,因为部分 WTO 成员方尚未批准 TFA,如也门、马尔代夫和塔吉克斯坦。如此一来,沿线国家的就能大致分为三类:一是 WTO 成员方,如也门、马尔代夫和塔吉克斯坦即遵守 WTO 项下的一般贸易便利化措施,但尚未批准 TFA;二是已经批准 TFA 的 WTO 成员方,目前沿线有 51 个国家已经加入了 WTO,但只有 48 个国家批准了 TFA,这 48 个国家将根据其批准时的情况,根据承诺的时间,实施 TFA 项下的便利化义务;三是未参与多边贸易便利化规则的国家,如不丹、东帝汶、巴勒斯坦、乌兹别克斯坦、伊朗、伊拉克、黎巴嫩、叙利亚、塞尔维亚、波黑、土库曼斯坦、白俄罗斯、阿塞拜疆,中国与这些国家的跨境贸易可能需要借助于现有的区域合作或双边合作机制。严格来讲,这样的划分并不科学,因为同为 WTO 成员方或者同为 TFA 的缔约国,并不代表这些国家的贸易便利化水平是持平的,这仅能说明中国与这些国家具有多边规则的合作基础。同时,对于尚未参加任何多边规则的国家,从现有的区域和双边贸易便利化合作机制来看,中国与东南亚的东帝汶有中国—东盟(10+1)双边自贸区协定,与中亚和独联体国家之间有上合组织框架下的贸易便利化合作机制,与其他国家之间还尚不存在有效的区域或双边合作机制。因此,“一带一路”沿线国家的贸易便利化合作机制十分复杂。

2.“一带一路”沿线的欧盟成员方

目前,“一带一路”沿线共有 11 个欧盟成员方,占到沿线国家总数的 17.2%,这 11 个国家均为 WTO 的成员方和 TFA 的缔约国。换言之,除个别中东欧地区的国家之外,其他国家基本上加入了国际上影响力最大的国际组织和协定。从整体贸易便利化水平上来讲,中东欧国家整体经济状况良好,具有广泛的多边贸易便利化法律基础,与其他沿线国家在贸易便利化制度上再次形成了差异。根据 GATT 1994 和 TFA 的规定,其贸易便利化规定不影响区域和双边的安排,因此欧盟内部在贸易便利化上的举措完全可以得到自由的适用,也就是说,这些沿线国家互相之间是高度自由和开放的。而且,欧盟和美国是最先推行区域贸易自由的两大经济体,其贸易便利化水平一直居于国际领先地位。2016 年 5 月 1 日生效的新版“欧盟海关法典”(或“欧盟现代海关法典”)对贸易便利化措施进一步升级,这也意味着“一带一路”沿线的欧盟成员方在贸易便利化水平上又一次领先于其他沿线国家,中国与这些国家无论是在区域层面还是在双边层面,贸易便利化的措施标准无疑都需要达到最高水准。(见表 8)

表8 “一带一路”沿线的欧盟成员方

“一带一路”沿线上的欧盟成员方	占沿线国家数量比率(%)
克罗地亚	17.2
罗马尼亚	
保加利亚	
斯洛伐克	
斯洛文尼亚	
捷克	
匈牙利	
波兰	
拉脱维亚	
立陶宛	
爱沙尼亚	

“欧盟海关法典”对《欧共体海关法典》中的贸易程序和手续作了进一步的简化和升级,特别是海关电子单证和经授权经营者两个方面。全面采用海关电子单证,实现无纸化报关。由于《欧共体海关法典》整体依赖于纸质单证,欧盟为了适应电子报关的趋势,在新海关法典拟定之初就准备全面推行电子单证。为了保证电子单证的顺利实施,欧盟计划引进新的海关 IT 系统和技术,升级无纸化报关的基础设施。关于经认证的经营者,欧盟坚持高标准认证,新版海关法典进一步简化了经认证经营者的报关手续,如适用集中清关程序、减免关税、提供少量海关担保等。企业甚至可以在所在地交纳报关税,而且一旦报关货物就可以自由流动。这也进一步说明了沿线国家在贸易便利化水平上的差异,无法构建统一的适用规则,只能选择与不同国家之间进行分类合作,以更加便利的方式与沿线国家达成促进贸易便利化的法律机制。

3. 欧亚经济联盟

欧亚经济联盟是由俄罗斯、白俄罗斯和哈萨克斯坦共同发起的,旨在促进欧亚地区经济发展和政治合作的超国家联盟。① 欧亚经济联盟内部实行零关税制度,旨在实现俄罗斯、白俄罗斯、哈萨克斯坦等独联体国家间的高度一体化。欧亚经济联盟的建立有效促进了“一带一路”西线国家商品、服务、资本和劳动力等要素的自由流动,这对于我国推动“一带一路”倡议和促进沿线国家贸易便利化是一个利好的形势。欧亚经济联盟与“一带一路”之间形成了良好的互补关系,有助于进一步提升俄罗斯、白俄罗斯、哈萨克斯坦等独联体国家的贸易便利化水平。欧亚经济联盟与其他沿线国家之间业已形成良好的合作关系,特别是《越南与欧亚经济联盟自由贸易协定》的签署,②是欧亚经济联盟与单个国家建立自贸区的首例。该协定覆盖经贸合作的各个领域,主要通过关税减免来促进贸易便利化。越南在协定中承诺立即取消亚欧经济联盟59%商品的进口税,并逐步取消剩余进口税。③ 此外,亚欧经济联盟与印度也在加快签署自由贸易协定。亚欧经济联盟的这一系列举措将会有效改善成员方在市场准入、通关程序和基础设施方面的现状,实现成员方GDP的大幅增长。

此外,中国、俄罗斯、中亚四国和个别西亚北非国家④还是上海合作组织的成员方,上海合作组织在维护地区安全和促进经济合作方面有重要作用,有助于提升中西亚地区和独联体国家的贸易安全指数。

4. 亚太经合组织

APEC的努力可以追溯至2004年成员间达成的“Best Practice for RTAs/FTAs”,即“对区域贸易协定或贸易便利化的最佳实践”。区域贸易协定的基本原则包括全面性(comprehensiveness)、透明度

---

① 目前成员方还包括亚美尼亚、吉尔吉斯斯坦、塔吉克斯坦以及观察国摩尔多瓦。

② 2016年10月15日正式生效。

③ 越南近年来在贸易促进方面成绩显著。根据世界经济论坛《全球促进贸易报告2016》的排名,越南2016年ETI指数全球排名第73,比2014年上升了11个名次。市场准入指数4.5,排名第74。其中,国内市场准入指数为4.9,排名第77;外国市场准入指数为4.1,排名第79(1=关税壁垒极高,7=无关税壁垒)。越南与亚欧经济联盟的自由贸易区关税壁垒大幅降低,贸易便利程度有进一步提高。

④ 目前的成员方有俄罗斯、哈萨克斯坦、吉尔吉斯斯坦、塔吉克斯坦、乌兹别克斯坦、巴基斯坦和印度。

(transparency)、贸易便利化(trade facilitation)以及原产地规则(rules of origin)。而对贸易便利化则要求透明度准则,管理的公平性、一致性和可预测性,货物清关的高效率,现代化和无纸化交易,风险管理,以及清关时间和收费等内容,这些构成了“Best Practice for RTAs/FTAs”的关键标准。为了加强“最佳实践”,亚太经合组织经济体已采取示范措施,提供了关于区域贸易协定和自由贸易协定的拟议条款的详情,目的正是在于促进“亚太地区高质量和全面自由贸易协定目标”的实现,这也是1994年《茂物宣言》[①]的最高目标。

亚太经合组织贸易便利化示范措施中载有关于透明度(transparency)、公正管理(impartial administration)、一致性(consistency)和可预测性(predictability)的规定以及其他领域的实践规则,如货物发放、现代化和无纸贸易规则、风险管理等,以便提高清关效率,降低相关费用。亚太经合组织示范措施包含原产货物和相关事项标准的准则。准则提出了一个相对直接的原产地测试,即一种商品是完全在当事方领土上获得或生产,完全由源自该领土的材料生产,或由非原产材料生产经关税更改分类后,满足相应的使用价值的内容要求,经过特定加工或操作,或满足其他具体的对产品的特定要求。此外,示范措施还提出了区域示范措施的价值内容要求和材料计算规则等相关事项。亚太经合组织的这些“最佳”指导原则和示范措施可能有助于确保各经济体之间商定各种安排的一致性水平。在相关的实践中,这些措施被证明是有益的。如日本—菲律宾经济合作协定于2008年年底达成,该协定被纳入亚太经合组织示范措施的原产地规则。

同样,该协定第3条规定了与“亚太经合组织贸易便利化示范措施”

---

① 1994年在印尼通过的《茂物宣言》中确定了APEC的长远目标,即实现更为广泛的贸易自由化。同时,《茂物宣言》强调了在亚太地区开展贸易自由化的多样性,要求加强人力资源开发、基础设施建设、科学技术、中小企业等领域在内的发展合作。会议正式确定了贸易投资自由化和经济技术合作这两个支柱,但由于《茂物宣言》没有明确的约束力,产生的影响力较小。

非常相似的透明度要求。例如,第3条第1款规定,各缔约方应及时公布或以其他方式公开其一般适用的法律、法规、行政程序、行政裁决和司法决定以及缔约方所缔结的国际协定,尊重本协定所涉及的任何事项,这与示范措施中的透明度要求如出一辙。[①] 可以说,亚太经合组织的指导方针已经并将继续为在亚太经合组织区域贸易协定和自由贸易协定方面建立更加一致和复杂的承诺服务。至少亚太经合组织成员方的贸易自由化活动已显示出对谈判是具有约束力,这种倾向也日益明显。这些承诺超出了多边体系中商定的贸易合作范围,并可以解决各成员方的具体问题。亚太经合组织通过为其成员提供指导方针和最佳做法,推动了亚太地区贸易便利化的进程。

(二)“一带一路”贸易协定中的便利化条款

在上述分析中,笔者对WTO的贸易便利化措施进行了分解,共整理出了31项具体措施。在实践中,无论是在区域还是在双边自由贸易协定中,都会规定类似于WTO的便利化措施,归纳起来有以下8项,笔者将对涉及“一带一路”沿线的协定进行分析,来总结目前沿线协定中的便利措施覆盖范围。

1.清关便利化措施

实际上,大多数沿线国家或区域签订的自由贸易协定都包含海关条款,区别在于条款涉及的海关事务范围和便利化深度。这一点从东盟对外缔结的自由贸易协定中可以看出,例如,“东盟—韩国自由贸易协定”附件—经济合作第1条即有“认识到国际贸易领域海关合作的重要性”的规定,但在具体的条文中该协定并没有积极的举措。采用分享(Share)、交换(Exchange)、促进(Facilitate)、确保(Ensure)这样比较宏观的词语来表述海关之间在程序简化等方面的合作,缺乏可操作性,仅仅是一种认识层面的表达,而与日本和新西兰的协定则规定了简化海关程序

---

① 原材料的标准规定如下:除非本章另有规定,否则在以下情况下,商品有资格作为原产货物:(1)该商品完全在该缔约方境内获得或生产;(2)该产品完全由该缔约方的原产材料生产;(3)当商品完全在缔约方境内使用非原产材料生产时,商品满足附件2中规定的产品具体规则以及本章所有其他适用要求。

的目的、范围、定义、合作方式、使用自动化系统、咨询点以及上诉机制等具体措施。此外,东盟成员方单个签署的协定基本上都要求使用自动化系统、协调海关程序、采用国际标准等措施,如印度尼西亚、马来西亚、菲律宾、泰国和智利与日本分别签署的协定中的便利化措施在范围和深度上基本相似。

在海关清关便利措施方面的难点是使用自动化系统和采用国际标准,这需要国家有较好的基础设施建设能力,而沿线很多国家都是发展中国家或者最不发达国家,特别是南亚、中亚和部分西亚北非国家都亟须建设援助。

2. 海关合作与信息交换

协定中的合作条款在范围和深度上具有多样性,有的协定是关于海关与商界的合作,如欧盟与非洲、加勒比和太平洋国家间的"经济伙伴关系协定"(Economic Partnership Agreements, EPAs)①、马来西亚—日本自由贸易协定。有的协定还规定了缔约方与非缔约方海关之间的合作,如越南—日本自由贸易协定。虽然范围和合作对象各有差异,但基本上都包含:(1)与海关事务相关的措施;(2)技术援助和能力建设;(3)合作方案的制定;(4)采用国际标准和文件。

在海关合作方面,协定通常包含海关培训、风险评估和预防、执行海关估价协议、实行电子信息交换、简化海关手续、提高法律法规的合规性、简化货物入关和放行程序、采用国际通行的文件和标准等。在信息交换方面通常包括对海关立法和程序、进口商、出口商、制造商、买家、供应商、运输商、集装箱号码和大小、货物抵达港口的装运信息和目的港、船舶和承运人的名称、申报价值和关税待遇、新发布且有效的执法技术等信息的共享。

3. 信息公布与咨询点的设立

信息公布、咨询点等关系透明度的条款或规定在自由贸易协定的总

① "经济伙伴关系协定"是在欧盟与非洲,加勒比和太平洋国家之间的自由贸易区的计划,是对持续批评欧盟"非互惠和有区别的优惠协定"不符合世贸组织规则的回应。

则中,或规定在海关与贸易便利化的章节中。条款的范围涉及信息公布的方式和媒介,包括出版物、互联网或电信网络。比较统一的是,这些沿线的区域协定或双边协定都对海关法规政策和行政程序的透明度提出要求。一些区域贸易协定,如泰国—澳大利亚自由贸易协定、泰国—新西兰自由贸易协定、巴基斯坦—马来西亚自由贸易协定、欧盟的 EPAs 还规定应相关利益方的要求设立咨询点,以供各方经营者或当局了解相关贸易事项。

4. 预裁定

预裁定可以提高进出口贸易的确定性和可预测性,从而使经营者或者贸易商能够根据获得的信息更好地规划其经营。沿线区域贸易协定中关于预裁定的方案有所差异,首先在裁定范围上一般涵盖了关税分类、海关估价标准、原产地、货物分类。例如,泰国—澳大利亚自由贸易协定、泰国—新西兰自由贸易协定分别对货物预先分类、货物分类进行了预裁定,这意味着泰国在加入的不同的贸易协定中使用了标准不同的条款。此外,预裁定的期限也存在差异,有 30 天(泰国—澳大利亚,泰国—新西兰)、60 天(TPP),也有根据国内法的规定确定期限,如东盟—澳大利亚—新西兰的自由贸易协定。

5. 风险管理

风险控制的手段和方式会直接影响货物通关的时间和费用,目前很多国家都引入了风险管理系统,并采用了重点监管的方式,即在货物通关的过程中重点针对高危货物进行检验。沿线的区域贸易协定中或多或少的对此种“现代海关监管技术”①进行了规定。为此,一些比较先进的协定中允许货物抵达前信息处理,如“新加坡—美国自由贸易协定”。一些协定则规定各方进行信息交换,交换的信息中甚至包括对方风险管理的程序,如新加坡—秘鲁自由贸易协定、巴基斯坦—马来西亚自由贸易协定。欧盟 EPA 中的风险管理措施则规定得更为详细,主要包括风险评估、简化进出口程序、事后监管和实行授

① 减少风险管理过程中对贸易便利化程度的减损和破坏。

权经营者制度。[①]

6. 单一窗口与自动化

沿线自由贸易协定中目前规定单一窗口和自动化措施的并不多，或包含在海关与贸易便利化的章节中，或规定在无纸化贸易的条款中，或规定在电子商务的章节中。单一窗口和电子信息技术的使用会大大加快通关速度，简化数据处理程序，是贸易便利化非常关键的促进因素。为此，目前很多沿线相关的自由贸易协定都提出了此项标准，如泰国—澳大利亚自由贸易协定、泰国—新西兰自由贸易协定和泰国—日本自由贸易协定。但整体来看，沿线国家中有能力实行该项措施的国家占比并不高，主要是东南亚、中东欧和西亚北非的部分国家，大多数沿线国家目前的电子信息技术和互联网建设水平较低，如中亚国家、南亚国家、独联体（俄罗斯除外）国家和西亚北非的也门等。

7. 国际标准

沿线自由贸易协定中最常提到国际标准的有欧盟的 EPAs、东盟—新西兰、中国—秘鲁，包括遵守修订后的《经修订的京都公约》、世界海关组织的《全球贸易安全与便利标准框架》和《国际商品统一商品说明和编码制度公约》。巴基斯坦—马来西亚自由贸易协定更为灵活，要求缔约方尽可能地协调统一国际标准和推荐措施的使用程序。目前，沿线一些国家为推动国际标准和做法普及工作，在对外协定中要求设立具体的负责实施机构，中国近年来签署的自由贸易协定中就规定设立贸易便利化委员会，来具体负责采用国际海关实践和国际标准的工作，如中国—秘鲁自由贸易协定第四章第 54 条就有此类规定。

8. 货物放行与规费的收取

货物放行的便利措施包括程序简化、缩短期限、担保等。例如，美国与新加坡、阿曼签署的协定中要求，货物放行的期限不得超过国内海

---

① 参见欧盟《经济伙伴关系协定》第 4 章（海关与贸易便利化）第 31 条（海关立法和程序）。

关法要求的必要时间,并尽可能在48小时内放行,这项要求似乎已经成了国际上通行标准,TFA、TPP(文莱、智利、新西兰)和新加坡—秘鲁的自由贸易协定中也有此类规定。新加坡—美国、中国—韩国、中国—格鲁吉亚等自由贸易协定中则提到了海关担保的问题。沿线有规费条款的协定不多,中国—巴基斯坦的自由贸易协定有费用的规定,并要求通过互联网或基于互联网的其他方式互通相关费用和手续费的清单及变动情况。①

从整个概况来看,东盟国家,特别是新加坡自由贸易协定中的便利措施范围最广。沿线欧盟成员方则搭乘欧盟高水平内外贸易便利制度,整体便利化水平较高。中亚国家对外自由贸易协定的数量极少,而且便利化措施的范围和深度远远不及东盟和欧盟国家。西亚北非国家的情况比较复杂,阿联酋和以色列整体贸易便利化程度较高。阿联酋与欧盟、美国、澳大利亚等发达国家之间有较多且便利化程度较高的自由贸易协定。同时,也门、埃及、伊朗的贸易便利化程度基本上排在全球的后几位(详细指数参见下文的贸易便利化指标体系),导致西亚北非地区国家间的贸易便利化水平差距较大。

二、西亚北非国家贸易便利化的特殊性

在整体现状的分析中,笔者注意到“一带一路”涉及五大区域和独联体国家,南亚、东南亚、中东欧和中亚国家不仅参与了WTO、TFA,部分国家还是欧盟、亚欧经济联盟或上合组织的成员方。西亚北非未加入WTO和TFA的国家数量占比最高,而且区域组织的影响力也比较弱。为了更好地掌握西亚北非国家目前的现状,本文对该地区的沿线国家作以下详述。

(一)区域贸易便利化制度松散

西亚北非地区的沿线国家共16个(沙特阿拉伯、阿联酋、阿曼、伊朗、埃及、科威特、伊拉克、卡塔尔、约旦、黎巴嫩、巴林、叙利亚、以色列、

① 《中国—巴基斯坦自由贸易协定》第9条是关于行政费用和手续的规定。

土耳其、也门和巴勒斯坦），并同时涉及其他 8 个国家和 2 个自由贸易区。其中，摩洛哥、突尼斯、毛里塔尼亚、利比亚、阿尔及利亚由于地理位置上的关系，与西亚北非国家之间形成了较为复杂的贸易关系。（见表 9）整体来看，西亚北非地区的区域自由贸易协定呈现“1 + 3”的发展模式，即大阿拉伯自由贸易协定加上其他三个小规模的自由贸易联合体。

表 9　西亚北非国家之间的贸易便利化组织、协定

区域贸易组织、协定	(1)大阿拉伯自由贸易协定（the Greater Arab Free Trade Agreement, GAFTA）：GCC 国家、AMU 国家、MAFTA 国家、黎巴嫩、叙利亚、伊朗、伊拉克 (2)海合会（Gulf Co-operation Council-GCC）：巴林、阿曼、卡尔塔、沙特阿拉伯、阿拉伯联合酋长国、科威特 (3)阿拉伯马格里布联盟（Arab Maghreb Union, AMU）：突尼斯、摩洛哥、毛里塔尼亚、利比亚、阿尔及利亚 (4)地中海自由贸易协定（Mediterranean Free Trade Agreement, MAFTA）：摩洛哥、突尼斯、约旦、埃及
主要双边自由贸易协定	(1)美国—约旦、埃及、阿曼、巴林 (2)加拿大—约旦—新加坡 (3)土耳其—阿尔巴尼亚 (4)埃及—摩洛哥，埃及—土耳其、埃及—黎巴嫩 (5)欧洲自由贸易联盟（EFTA）：约旦、突尼斯、埃及、摩洛哥、黎巴嫩 (6)EC：埃及、黎巴嫩、叙利亚、以色列
正在谈判、或未实施的自由贸易协定	(1)约旦与突尼斯、阿尔及利亚、埃及、黎巴嫩 (2)突尼斯与摩洛哥 (3)欧盟与 GCC、叙利亚

海湾阿拉伯国家合作委员会（Gulf Cooperation Council, GCC）①成员方有沙特阿拉伯、阿拉伯联合酋长国、科威特、卡塔尔、阿曼、巴林 6

① 海湾合作委员会于 1981 年 5 月 25 日在阿布扎比酋长国宣布成立，总部设在沙特阿拉伯王国首都利雅得，主要组织机构有最高理事会（最高权力机构）、部长理事会和总秘书处，现任秘书长为阿卜杜拉提夫·扎耶尼。

国。GCC 的宗旨在于增强成员方在各个领域的协同一体,促进相互之间的经贸合作。GCC 成立的目的是仿照欧盟建立一个海湾国家联盟,共享经济、法律法规等方面的发展成果,共同制定贸易规则,降低贸易成本。对于进入 GCC 的某些产品,要求符合海合会制定的标准,加注 GCC 标记。带有 GCC 标记的产品,可以在海合会国家的市场上自由销售。

在区域贸易协定中,“大阿拉伯自由贸易协定”是覆盖面最广、最全面的协定,既涵盖国家,也包括一些促进贸易便利化的其他组织。可以看出,中东北非地区在促进贸易便利化方面作出了很多努力,但中东和北非区域内的贸易程度仍然很低。主要是基于三方面的原因:(1)主要因素是政府的限制性贸易政策,包括关税和非关税壁垒、海关清关上的延误和费用成本、投资环境不适格、运输和通信费用过高、以及中东和北非国家公共部门占据的主导地位。(2)其他基本的结构因素,如生产和出口结构的相似性、人均收入差距大、以及地区面积较小的特点等都会导致人们寻求更多的地区外贸易,而不是局限在较小的地区范围内。(3)受历史上国际经济制裁(例如伊拉克和利比亚)和与邻国间紧张的政治关系的影响。如马格里布国家间的分歧对西撒哈拉造成了一定的影响,同时也限制 MENA 内部一体化的形成,马格里布国家分歧的关键是政治问题,而非经济问题。

除区域内部形成的促进贸易便利化的措施外,西亚北非地区的国家之间,以及与美国和欧盟之间存在多种多样的双边和区域自由化贸易制度或优惠贸易协定,各种双边和区域贸易协定互有重叠(见表9)。其中,约旦最为活跃。

欧洲国家是中东北非地区合作最广泛的对象,如“欧盟—地中海协定”(EMA)。[①] 巴勒斯坦政府倡导下的一个“临时协会协议”(An interim association agreement)自 1997 年以来一直在实施,[②]欧盟—海合会的自由

---

① 成员方生效时间:埃及(2004 年)、以色列(2000 年)、约旦(2002 年)、黎巴嫩(2003 年)摩洛哥(2000 年)、突尼斯(1998 年)。

② 阿尔及利亚加入该协会协定的谈判于2002 年结束,叙利亚于2004 年结束。

贸易协定也正在进行谈判。这些协议是建立欧洲—地中海自由贸易努力的一部分区域,即所谓的“巴塞罗那进程”。

(二)贸易便利化条款单薄

不妨仍以 WTO 的贸易便利化措施作为基点,对西亚北非沿线国家签订的部分自由贸易协定进行分析,包括阿曼、巴林、约旦、以色列、土耳其、埃及、黎巴嫩、叙利亚。

阿曼、巴林、约旦和以色列与美国都签有双边自由贸易协定,阿曼和巴林签署的协定中涵盖的贸易便利措施较为广泛,涉及进出口规费、货物放行与清关分离制度、风险管理、放行时间、手续简化、海关合作、信息公布、咨询点、预裁定、上诉机制等,阿曼与美国的协定还有关于国际标准的使用条款,但约旦和以色列与美国自由贸易协定中的贸易便利措施几乎为零,仅仅是一种贸易协定。约旦与美国只有关于海关合作的规定,以色列与美国的协定中没有一项便利措施的规定,以色列与加拿大的协定中也仅仅只有海关合租、信息公布和交换的措施。约旦与加拿大的协定则一反与美国协定的寂寥,便利措施范围和深度都大大提升,特别是在电子报关和手续简化方面,规定了协调双方的法律法规并提出采用国际标准。约旦与新加坡的协定主要涉及电子单证的使用、海关合作、程序与手续的简化和信息的公布。埃及与土耳其除规定海关合作、国际标准、法规协调和信息交换之外,还规定了海关纪律与处罚规则,以及经授权经营者制度。EFTA 与约旦、埃及和黎巴嫩之间的协定中也仅仅只有对海关合作泛泛的规定,再无其他便利措施。欧盟与约旦、以色列、黎巴嫩和叙利亚之间的协定都涉及海关合作事项、程序的简化和法律法规的协调,略领先于 EFTA。(见表 10)

表 10　西亚北非自由贸易协定中的便利化措施

协定	GAAT 第 5 条	GATT 第 8 条:进出后规费和手续																			GATT 第 10 条:贸易法规的公布与实施								最惠国待遇	技术支持与能力建设	海关信息交换
WTO 便利化措施	过境自由	进出口规费	处罚纪律	抵达前处理	电子化单证提交	放行与清关分离	风险管理	清仓审计	放行时间	经授权的经营者	快运	领事交易要求	海关合作与其他便利事项	程序与手续的简化	法规协调	国际标准	单一窗口	装运前检查	报关代理	暂准进口货物	信息的公布与可获取性	信息的互联网公布	咨询点	实施前公布	与贸易商磋商	对提议评论	预裁定	上诉			
	是/否	是/否	是/否	是/否	是/否	是/否	是/否	是/否	是/否	是/否	是/否	是/否	是/否	是/否	是/否	是/否	是/否	是/否	是/否	是/否	是/否	是/否	是/否	是/否	是/否	是/否	是/否	是/否	是/否	是/否	是/否
美国/阿曼	否	是	是	否	是	是	是	否	是	否	是	是	是	是	否	是	否	否	否	是	是	是	是	是	否	是	是	是	是	是	是
美国/巴林	否	是	是	否	是	是	是	否	是	否	是	是	是	是	否	否	否	否	否	是	是	是	是	是	否	是	是	是	是	否	是
美国/约旦	否	否	否	否	否	否	否	否	否	否	否	否	是	否	否	否	否	否	否	否	否	否	否	否	否	否	否	否	否	否	否
美国/以色列	否	否	否	否	否	否	否	否	否	否	否	否	否	否	否	否	否	否	否	否	否	否	否	否	否	否	否	否	否	否	否
加拿大/约旦	否	否	否	否	是	是	是	否	是	否	是	否	是	是	是	是	否	否	否	否	是	否	否	是	是	是	是	是	是	否	是
加拿大/以色列	否	否	否	否	否	否	否	否	否	否	否	否	是	否	否	否	否	否	否	否	是	否	否	是	否	否	是	是	否	否	是
埃及/土耳其	否	是	是	否	否	否	否	否	否	是	否	否	是	否	是	是	否	否	否	否	否	否	否	否	否	否	否	否	否	否	是

续表

协定	GAAT 第 5 条	GATT 第 8 条:进出后规费和手续																			GATT 第 10 条:贸易法规的公布与实施										
WTO 便利化措施	过境自由	进出口规费	处罚纪律	抵达前处理	电子化单证提交	放行与清关分离	风险管理	清仓审计	放行时间	经授权的经营者	快运	领事交易要求	海关合作与其他便利事项	程序与手续的简化	法规协调	国际标准	单一窗口	装运前检查	报关代理	暂准进口货物	信息的公布与可获取性	信息的互联网公布	咨询点	实施前公布	与贸易商磋商	对提议评论	预裁定	上诉	最惠国待遇	技术支持与能力建设	海关信息交换
EFTA/约旦	否	否	否	否	否	否	否	否	否	否	否	否	是	是	否	否	否	否	否	否	否	否	否	否	否	否	否	否	否	是	否
EFTA/埃及	否	否	否	否	否	否	否	否	否	否	否	否	是	否	否	否	否	否	否	否	否	否	否	否	否	否	否	否	否	否	是
EFTA/黎巴嫩	否	否	否	否	否	否	否	否	否	否	否	否	是	否	否	否	否	否	否	否	否	否	否	否	否	否	否	否	否	是	否
EC/约旦	是	否	否	否	否	否	否	否	否	否	否	否	是	是	是	否	否	否	否	否	否	否	否	否	否	否	否	否	否	是	是
约旦/新加坡	是	否	否	否	是	否	否	否	否	否	否	否	是	是	否	是	否	否	否	是	是	否	否	否	否	否	是	否	否	否	否
EC/以色列	否	否	否	否	否	否	否	否	否	否	否	否	是	是	是	否	否	否	否	否	否	否	否	否	否	否	否	否	否	否	是
EC/黎巴嫩	否	否	否	否	否	否	否	否	否	否	否	否	是	是	否	否	否	否	否	否	否	否	否	否	否	否	否	否	否	否	是
EC/叙利亚	否	否	否	否	否	否	否	否	否	否	否	否	否	否	否	否	否	否	否	否	否	否	否	否	否	否	否	否	否	否	否
EC/埃及	否	否	否	否	否	否	否	否	否	否	否	否	是	是	是	否	否	否	否	否	否	否	否	否	否	否	否	否	否	否	是

西亚北非国家对外签署的自由贸易协定中的贸易便利化措施极少，而且主要集中在海关合作领域，仅涉及国际标准、信息交换、咨询点设立和规定的协调，尤其缺少单一窗口、电子单证、经授权经营者以及程序、手续简化方面的便利化措施。

第二节 “一带一路”沿线国家贸易便利化指标体系分析

一、贸易便利化检测指标及其影响力

（一）影响贸易便利化的因素

大多数研究表明，关税自由化会带来很小但却很明显的收益，当非关税壁垒消除时，则能带来更显著的利益。例如，在CGE测算模型下的GAFTA关税自由化，Konan（2003）估测了突尼斯和埃及的静态福利收益分别为3.03%和0.01%，但除却非关税对国际贸易交易造成摩擦成本的障碍，突尼斯和埃及的福利分别增加7.71%和2.74%。类似地，Rutherford、Rutstrom和Tarr（2000）在CGE模型中使用了一组阿拉伯人地中海国家的代表数据，表明取消所有来自欧盟的进口关税，导致短期和长期福利分别增长了0.1%和1.6%。然而，当同时评估关税和非关税壁垒，包括各种标准的协调一致，以及更有效的贸易环境时，贸易收益短期提高至3.7%，长期内提高至4.7%。此外，早期使用CGE模型对埃及的研究表明，贸易便利化的重大进步在于消除监管障碍和烦琐的措施，仅仅调整关税层面的小协议只会带来较小的贸易收益。因此，关税改革已经不再是衡量贸易便利化水平的主要方面，甚至已经不在衡量体系之列。

提高海关的清关效率是贸易便利化措施实施的一个重要方面，有研究表明，每天节省的航运时间是由于更快的清关速度，大约可以降低0.5%的关税。① 实施贸易便利化对改善边境延误有巨大作用，有研究通

① See David Hummels, Georg Schaur, Time as a Trade Barrier, NBER Working Paper No. 17758 Issued in January 2012, NBER Program(s): ITI. Auessed Mar 26th, 2018. *http://www.nber.org/papers/w17758*.

过比较一般均衡模式数据和引入边境延误数据的模式发现,前者会带来0.044%的收益,而后者会造成0.13%的损失。① 这意味着减少边界延误可以促使贸易自由化产生积极的影响。

对于统一标准的实证研究也是探索贸易便利化影响的一项重要指标。日本与新加坡之间在电子商务和海关手续自动化方面实行严格的统一标准,研究发现这项改革不但增加了两国之间的贸易流量,也促进了与其他国家之间的贸易增长。② 中国与澳大利亚也曾就该问题发表过声明,指出将电子文件用于贸易将会缩减1.5% ~15%的进口成本。③ 如果实行统一标准,亚太经合组织商品贸易的到岸价能够平均降低3%,节省的费用高达600亿美元。

进入21世纪后,安全已经成为研究贸易便利化的一个新议题,它与经济发展和推进贸易便利化改革有着必然的联系。有研究指出,安全维护成本占到商品贸易价值的1% ~3%。④ 世界经合组织2002年的研究结果则认为,安全因素对贸易便利化的影响并不显著,⑤“9·11”事件后,国家实施新措施来加强安全防卫。有研究人员就发现摩擦交易成本每增加1%,世界福利每年将减少约750亿美元。⑥安全问题对贸易便利化的

---

① See Cudmore, Edgar, and John Whalley. 2004. “Border Delays and Trade Liberalization.” University of Western Ontario and NBEER Peking University ESinfo. pp. 392 – 395. Auessed Mar 26th, 2018. *http://econpapers.repec.org/bookchap/nbrnberch/*10140. *htm*.

② See Hertel, Thomas W., Terrie Walmsley; and Ken Itakura. 2001. “Dynamic Effect of the “New Age” Free Trade Agreement between Japan and Singapore.” *Journal of EconomicIntegration*, vol. 16, No. 4, pp. 2 – 4. Auessed Mar 26th, 2018. *http://docs.lib.purdue.edu/cgi/viewcontent.cgi?article* = 1015 *&context* = *gtapwp*.

③ See Australian Department of Foreign Affairs and Trade and Chinese Ministry of Foreign Trade and Economic Cooperation. 2001. “Paperless Trading: Benefits to APEC.” Commonwealth of Australia. www.dfat.gov.au/publications/paperless/paperless_trading.pdf.

④ See Leonard, J., *Impact of the September* 11, 2001, *Terrorist Attacks on North American Trade Flows*, Arlington, Va.: E-Alert, Manufacturers Alliance, 2001.

⑤ See OECD, *The Impact of the Terrorist Attacks of* 11 *September* 2001 *on International Trading and Transport Activities*, Unclassified Document TD/TC/WP (2002)9/Final.

World Bank. 2004a. *Global Economic Prospects: Realizing the Development Promise of the Doha Agenda* 2004. Washington, D.C.: World Bank.

⑥ See Walkenhorst, Peter, and Nora Dihel, *Trade Impacts of the Terrorist Attacks of* 11 *September* 2001: *A Quantitative Assessment*, Paper prepared for the Workshop on the Economic Consequences of Global Terrorism, Berlin, June 12 – 13, 2002.

影响在南亚、北非和中东地区尤为显著,因为这些地区的经济发展大多依赖于国际贸易。

与贸易相关的补充性政策在贸易便利化中也有重大作用。例如,贸易中的运输和电信服务、海关程序、港口效率、标准和技术规则、要素市场的灵活性等都是提高国家贸易绩效的重要组成部分。

(二)影响结果分析

已经有大量的实证研究解决了具体政策对贸易便利化的影响问题。亚太经合组织1999年的一项研究发现,在贸易便利化的作用下,工业国家和新兴工业化中的国家在进口价格方面的成本上降低了1%,如韩国、中国台湾地区、新加坡;其他发展中国家则降低了2%。该研究估算亚太经合组织贸易自由化和便利化增加了其商品出口量,即1996~2010年的出口额增长了3.3%。有学者研究指出,贸易便利化的收益得益于统一的法规和标准,①这一点从双边贸易协定中可以看出。也有学者曾经做过这样一个研究,即双边协定的双方共享同一标准和根据各自国家具体的政策标准进行贸易分别会产生怎样的结果,研究结果自然是统一标准有助于增加贸易量,但是不否认国家具体政策发展对贸易额的促进作用。② 但这种促进作用仅针对制造业,而对于非制造业仍存在一定的负面影响,这是因为像ISO这样的制度标准会降低信息收集的成本,而信息收集成本在制造业中尤显高昂。

国际贸易发展中一个日益重要的政策问题是估算从贸易便利化能力建设、具体改革措施以及投资中的获益(gain)。有研究人员发现,加强贸易便利化能力建设可以使全球制造业商品销售额增长近3770亿美元,增长比例的9.7%。③ 该结果的前提是需要75个国家的能力建设水平达到

① See Maskus, Keith E., John S. Wilson, and Tsunehiro Otsuki, *An Empirical Framework for Analyzing Technical Regulations and Trade*, in *Quantifying the Impact of Technical Barriers to trade: Can It Be Done?*, University of Michigan Press, 2001.

② See Moenius Johannes, *Information versus Product Adaptation: The Role of Standards in Trade*, Kellogg School of Management Northwestern University, 2004.

③ See Wilson, John S., Catherine Mann, and Tsunehiro Otsuki, Assessing the Potential Benefit of Trade Facilitation: A Global Perspective, *The World Economy*, vol. 28, No. 6, 2005, pp. 841 – 871.

世界平均水平的一半。研究人员将能力建设限定在四个方面,即港口效率(port efficiency)、海关、法规和标准、信息基础设施。在上述假设的基础上,改善海关环境可以增加约1070亿美元(0.8%)的收益,改善监管环境可以增加约830亿美元的收益,而改善服务业基础设施和引进电子商务则可以增加约1540亿美元(4.0%)的收益。

从实际效果来讲,出口商从贸易便利化措施中的获益超过了进口商,因此,国家可以加强有关出口便利化的国内改革和能力建设。研究结果也进一步说明加强过境自由、降低进出口手续费和协调与贸易有关的法规和标准有助于提升全球贸易水平,安全问题也是评价影响贸易便利化水平一项重要因素。

通过采用一般均衡模型(equilibrium model),几项研究的评估结果均降低了贸易流量的交易成本。试举一例,有研究者曾对影响贸易增长的几个因素进行了测试,这些因素包括运输成本较低、贸易自由化和收入趋同。研究人员发现,20世纪50~80年代,16个经合组织成员方的双边贸易流量因运输成本较低而平均增长了8%~9%。[①] 联合国贸易和发展会议2001年的一项研究表明,海运和空运服务成本下降1%就可以使亚洲国家的国内生产总值增加约33亿美元。如果从广义上来讲,贸易便利化应该包括改进批发和零售贸易服务,该行业的生产力每提高1%就可以使额外收益增长36亿美元。[②]

二、“一带一路”沿线国家贸易便利化指标体系

基于上述实证分析可以看出,海关效率、统一标准的使用、电子信息化、贸易安全、政策法规等是影响贸易便利化的主要因素,从结果导向来看,或以贸易成本的降低,或以经济收益的增长,或以二者的综合改善效果为衡量标准。因此,“一带一路”贸易便利化的测评体系也应遵循从衡

---

① See Baier, S. L., and J. H. Bergstrand, The Growth of World Trade: Tariffs, Transport Costs, and Income Similarity, *Journal of International Economics*, Vol. 53, No. 1, 2001, pp. 1 – 27.

② See UNCTAD (United Nations Conference on Trade and Development), E-Commerce and Development Report, Geneva, 2001.

量指标分析到数据结果评测的程序。

(一)“一带一路”贸易便利化指标体系的构建

上述影响因素仅仅是一种抽象的或者概括的描述,要准确科学地评价“一带一路”贸易便利化水平,必须构建标准化的评测体系,采用具体的评测指标。国际上已经有很多组织和学者对贸易便利化指标进行了研究,由于对贸易便利化一直没有明确的定义,国际性的研究成果形成了多样的测评体系。例如,APEC 2002 年“贸易便利化行动计划”中提出的贸易便利化衡量因素有 4 项,包括:(1)标准和一致化;(2)海关程序;(3)商务流动;(4)电子商务。世界经合组织最新的贸易便利化指标(Trade Facilitation Indicators),包括 11 项指标:(1)预裁定(Advanced Rulings);(2)上诉程序(Appeal Procedures);(3)海关外部合作(Co-operation-External);(4)海关内部合作(Co-operation-Internal);(5)费用与规费(Fees and Charges);(6)手续电子化(Formalities-Automation);(7)手续、文件的简化(Formalities-Documents);(8)程序的简化与统一(Formalities-Procedures);(9)海关治理与公正性评判(Governance and Impartiality);(10)信息的可获取性(Information Availability);(11)贸易商的参与(Involvement of the Trade Community)。世界经济论坛(World Economic Forum, WEF)发布的《全球促进贸易报告》①采用的指标有:(1)国内市场准入(Domestic market access);(2)外国市场准入(Foreign market access);(3)边境管理的效率和透明度(Efficiency and Transparency of border administration);(4)运输基础设施的提供和质量(Availability and quality of transport infrastructure);(5)运输服务的提供与质量(Availability and quality of transport services);(6)互联网的普及程度(Availability and use of ICTs);(7)运营环境(Operating environment)。

仔细观察不难发现,APEC、OECD 和 WFF 的测评指标虽有量的差别,但本质趋同,有些指标只是对其他指标的分解和细化。如“互联网

① 该报告自 2008 年开始发布,自 2010 年始,每两年发布一次。

和电子商务”(APEC 第 4 点、OECD 第 6 点和第 7 点、WEF 第 7 点)的普及实施有助于简化海关手续,实现无纸化报关,本质上这几个指标是一种兼容和互推的关系。同时,WEF 的指标中包含了对“基础设施”的评价,而 APEC 和 OECD 的指标没有明确提出。考虑到“一带一路”沿线国家基础设施建设水平较低是影响贸易便利化水平的重要因素,而根据《2015 年世界贸易报告》对指标选择的评判标准,指标必须与被测对象之间具有密切且优先的关联,且能够最大程度地反映被测对象的真实情况,①因此,“一带一路”沿线国家基础设施建设水平需要受到特别关注。笔者还注意到海关程序、海关行政效率被普遍提及,这直接影响货物放行的时间,可以划入“口岸效率”之中。此外,OECD 和 WEF 中分别提到了海关法规和政策信息的可获取性、透明度、海关公正性等,这些都可以纳入“海关环境”之中。因此,本文选取口岸效率、基础设施、海关环境和市场准入这四项作为一级指标,参照学者和 WEF 对测评指标的层次分析法,构建了“一带一路”贸易便利化指标体系。(见表 11)

表 11　贸易便利化指标体系

一级指标	二级指标
口岸效率(Port Efficiency) (P_1、P_2)	P_1:海关程序负担(Burden of customs procedures) P_2:边境管理的效率和透明度(Efficiency and Transparency of border administration)

① 根据《2015 年世界贸易报告》中对贸易便利化指标的评判,好的测评指标应该具备八大特性,即稳定性(Robust)、关联性(Relevance)、连贯性(Coherent)、可行性(Feasible)、易获取性(Accessible)、有效性(Valid)、可靠性(Reliable)、准确性(Accurately measured)。稳定性是指指标不易波动,适合于长期观察使用;关联性是指测评指标与被测对象之间具有密切且优先的关联;连贯性是指测评指标之间具有一致性和耦合性;可行性是指测评指标能够最大程度地降低误差;易获取性是指测评指标的相关数据易于获得;有效性由测评指标与测评对象之间的关联强度决定;可靠性是指测评指标具有可靠的数据来源;准确性是指被能够最大程度的反映被测对象的真实情况。

续表

一级指标	二级指标
基础设施(Infrastructure)① (I_1、I_2、I_3、I_4、I_5)	I_1:港口设施(Port Infrastructure) I_2:空港设施(Air transport Infrastructure) I_3:铁路设施(Railroad Infrastructure) I_4:道路设施(Roads Infrastructure) I_5:信息与通讯技术的可用性②(Availability and use of ICTs)
海关环境(Customs environment) (C_1、C_2)	C_1:政策透明度(Transparency of government policymaking) C_2:非常规支付(Irregular payments and bribes)
市场准入(Market access)③ (M_1、M_2)	M_1:国内市场准入(Domestic market access) M_2:外国经营者市场准入(Foreign market access)

资料来源:根据 WEF《全球促进贸易报告(2016)》和《全球竞争力报告(2016 ~ 2017)》中的相关数据整理而成。

需要说明的是,鉴于上述体系中指标来自 WEF 的两份报告——《全球促进贸易报告(2016)》(Global Enabling Trade Report 2016)和《全球竞争力报告(2016 ~ 2017)》(Global Competitiveness Report 2016 ~ 2017),如全球促进贸易报告中含有“运输基础设施的提供和质量”这一项指标,但没有予以细化,而全球竞争力报告中对港口、铁路、公路和航空设施的质量进行了分别测评,则该指标适合作为二级指标。

(二)“一带一路”贸易便利化指数分析

由于沿线国家众多,数据分析将按照上述一级指标的顺序,从《全球

① 基础设施指标可以用于衡量国内基础设施的可用性和质量,如道路、航空、铁路和海港基础设施,用以反应海陆空运输的联通性。

② 信息与通讯技术的可用性这一指标用以评估国家的信息和通信技术的可用性和质量。由于电子信息技术和无纸化通关在促进贸易便利化中具有重要作用,因此“一带一路”国家的信息和通讯技术必须被纳入测评体系。同时,该指标还能够反应移动电话和互联网在一国商业交易中的使用情况,也能间接反映经营者与政府的互动渠道是否便利,以及相关信息的透明度。

③ 市场准入用于分析和标衡量一个国家的关税制度和复杂程度,以及一个国家出口商在国外市场上所面临的壁垒和差异。国内市场准评估因国家贸易政策而导致的关税保护和复杂性;外国经营者市场准入评估一个国家对外国经营者实施的关税壁垒程度。

促进贸易报告(2016)》中选取“一带一路”贸易促进测评结果排名前10位的国家和后10位的国家进行展示。(见表12)鉴于测评指标的分析采用了《全球促进贸易报告(2016)》《全球竞争力报告(2016~2017)》两份报告中的数据,故对于相同指标的测值和排名,将以时间较新的《全球竞争力报告(2016~2017)》为准。

表12 部分“一带一路”沿线国家贸易促进测评结果排名

前10位										
国家	新加坡	爱沙尼亚	阿联酋	捷克	立陶宛	以色列	波兰	斯洛文尼亚	斯洛伐克	马来西亚
2016年										
测评值	5.97	5.32	5.23	5.12	5.01	4.99	4.96	4.96	4.93	4.90
排名	1	14	23	25	29	30	31	32	34	37
2014年										
测评值	5.80	5.16	5.05	4.93	4.83	4.74	4.83	4.88	4.80	4.81
排名	1	17	23	27	37	42	36	31	40	38
后10位										
国家	也门	伊朗	孟加拉国	巴基斯坦	蒙古国	埃及	塔吉克斯坦	吉尔吉斯斯坦	俄罗斯	尼泊尔
2016年										
测评值	2.95	3.16	3.48	3.51	3.66	3.72	3.74	3.76	3.79	3.84
排名	134	132	123	122	119	116	114	113	111	108
2014年										
测评值	2.84	3.07	3.39	3.40	3.55	3.67	0	3.86	3.72	3.66
排名	134	130	120	119	115	111	0	98	105	112

资料来源:表中的数据来自笔者对WEF《全球促进贸易报告(2016)》中相关数据的整理。(分值范围为1~7,1=极差,7=极好)

根据上述取样结果,居于“一带一路”沿线贸易便利化水平前10位的国家有新加坡、爱沙尼亚、阿联酋、捷克、立陶宛、以色列、波兰、斯洛文尼亚、斯洛伐克和马来西亚,排名后10位的有也门、伊朗、孟加拉国、巴基斯坦、蒙古、埃及、塔吉克斯坦、吉尔吉斯斯坦、俄罗斯和尼泊尔。本文以上述20个沿线国家为分析标本，依照本文构建的贸易便利化指标体系进行具体分析，按照区域分布进行排列（为了便于区分，对排名后10位国家的数据进行加粗），以便能够对区域整体情况进行比较分析，为后续“一带一路”贸易便利化的制度构建提供线索。中国2016年的ETI测值为4.49，世界排名第61，比2014年上升了2个名次，相关指数将在表中一并列出。（见表13）

表13 部分“一带一路”沿线国家贸易便利化指标

国家	指标、指数	港口效率		基础设施					海关环境		市场准入	
		P_1	P_2	I_1	I_2	I_3	I_4	I_5	C_1	C_2	M_1	M_2
南亚	巴基斯坦	3.4	3.9	3.7	4.0	3.1	3.8	2.5	3.6	3.1	3.0	3.6
	孟加拉国	3.3	3.0	3.5	3.2	2.7	2.9	3.1	3.8	2.2	3.4	5.3
	尼泊尔	3.5	4.1	1.3	2.6	0	2.8	3.0	3.6	2.9	2.9	6.5
东南亚	马来西亚	5.1	5.0	5.4	5.7	5.1	5.5	5.5	5.1	4.8	5.3	3.3
	新加坡	5.1	6.4	5.4	6.9	5.7	6.3	6.3	6.3	6.7	7.0	4.0
西亚北非	阿联酋	6.1	5.7	6.4	6.7	0	6.5	6.1	5.6	6.5	5.1	2.1
	伊朗	3.4	3.2	3.9	3.4	3.5	4.1	3.5	3.5	3.5	2.4	1.8
	以色列	4.6	5.5	4.5	5.4	3.5	4.9	5.9	4.6	5.5	5.7	3.8
	埃及	3.8	3.1	4.3	4.8	2.6	3.0	4.0	3.7	4.1	3.8	4.4
	也门	2.8	1.7	2.6	2.2	0	2.5	2.3	3.0	2.1	4.5	5.1
中东欧	波兰	4.6	5.7	4.1	4.3	3.3	4.0	5.3	3.6	4.8	5.3	4.6
	捷克	4.8	5.9	3.4	5.3	4.6	4.1	5.5	4.0	4.5	5.4	4.5
	斯洛伐克	4.4	5.6	3.0	3.4	4.6	4.1	5.4	3.9	3.6	5.4	4.5
	立陶宛	4.6	5.6	4.9	4.4	4.5	4.9	5.8	4.3	4.9	5.4	4.2
	斯洛文尼亚	5.0	5.8	5.1	4.3	3.0	4.4	5.4	4.1	5.2	5.4	4.5
	爱沙尼亚	5.4	6.2	5.6	4.5	4.0	4.7	6.3	5.1	6.1	5.4	4.3
中亚	吉尔吉斯斯坦	3.6	4.4	1.5	2.9	2.4	2.5	3.8	3.8	2.6	3.6	3.8
	塔吉克斯坦	4.2	3.9	2.0	4.3	3.7	4.1	2.7	4.6	4.2	4.5	2.7

续表

国家 \ 指标、指数		港口效率		基础设施					海关环境		市场准入	
		P_1	P_2	I_1	I_2	I_3	I_4	I_5	C_1	C_2	M_1	M_2
欧洲	俄罗斯	3.8	3.9	4.0	4.4	4.4	2.8	5.5	4.0	3.6	3.9	2.2
东亚	蒙古国	3.6	4.0	1.3	3.1	2.7	3.0	4.0	4.1	3.8	4.5	2.5
	中国	4.4	4.9	4.6	4.8	5.1	4.8	4.7	4.6	4.3	4.3	2.4

资料来源：表中的数据来自笔者对WEF《全球促进贸易报告(2016)》中相关数据的整理。

1. 口岸效率

口岸效率由P_1(海关程序负担)和P_2(边境管理的效率和透明度)两个二级指标构成。P_1的指数用来评估“一带一路”沿线国家通关过程中的程序和手续负担,从侧面反映海关效率(1=负担极重,7=负担极轻)。P_2由13个三级指标构成,包括海关服务指数、清关效率、进口手续办理时间、进口边境合规检查时间、进口手续成本、进口合规成本、出口合规检查时间、出口文件成本、出口合规成本、进出口过程中支付的额外费用和海关透明度等。

从取样结果来看,也门的P_1、P_2指数均为20国中最低,这说明也门的港口效率在“一带一路”沿线65个国家中处于最低水平,需要大幅提高海关行政效率,简化进出口手续。孟加拉国、埃及、巴基斯坦紧随其后。相比之下,位于后10位的吉尔吉斯斯坦和塔吉克斯坦在港口效率方面的指数均处于中上水平。新加坡、阿联酋、爱沙尼亚、斯洛文尼亚、马来西亚在口岸效率方面表现不俗,世界排名也十分靠前。

从区域水平来看,南亚和中亚的海关效率整体低下,东南亚和中东欧水平较高,西亚北非国家海关效率两极分化严重。

2. 基础设施

基础设施指标体系中包括I_1(港口设施)、I_2(航空设施)、I_3(铁路设施)、I_4(道路设施)和I_5(信息与通讯技术)。该项指标主要是为了衡量海港、航空、铁路、道路四种运输设施的连通性、可用性和建设水平。之所以将信息与通讯技术纳入基础设施,是为了迎合无纸化通关和电子单证对相应基础设施的需要,因此,I_5 是评测沿线国家互联网和电子信息系统建设状况的重要指标(1 = 质量和服务水平极低,7 = 质量和服务水平极高)。

由于受地理位置等因素的限制,阿联酋、尼泊尔和也门目前没有铁路运输,主要以航空、公路和水上运输为主。从上述测评的指数来看,阿联酋公路运输基础设施测值世界排名第一,测值为 6.5;航空运输基础设施的指数位居世界第二,测值为 6.7;港口基础设施测评指数世界排名第三,测值为 6.4。[①] 新加坡整体测评指数紧随其后,但航空运输基础设施测值略高于阿联酋,世界排名第一,测值为 6.9。也门、吉尔吉斯斯坦、尼泊尔、孟加拉国、蒙古五国运输基础设施整体水平极低,特别是在海港建设方面的测评指数,尼泊尔 1.3、吉尔吉斯斯坦 1.5、蒙古 1.3。从区域整体情况来看,南亚国家、中亚国家和西亚北非部分国家的基础设施建设水平十分低下,运输联通性差,可能会严重拖延货物的运输时间。

互联网基础设施测值表现较好的是东南亚和中东欧国家,整体测值较高,而且水平比较接近。中亚和南亚国家的测值处于中下或较低水平,平均指数值大约为 3.0。也门在该项指标上依旧处于最低水平,指数为 2.3。因此,指数较低国家距离实现无纸化通关和统一电子单证可能需要更长的时间,或者需要更多的建设援助。

3. 海关环境

本文对海关环境的测评选取了 C_1(政策透明度)和 C_2(非常规支付)两个二级指标。C_1 主要是从国家制度层面来观察相关海关法规和政策对贸易便利化的影响,国家制度的实施效率依赖于公共、私人和相关利益者的遵守,同时影响三者在各自领域的社会活动。政府制定的相关政策会直接影响海关、经营者等进出口活动,需要对其透明度进行测评,来衡量潜在的政策法规风险给贸易便利化造成的影响(1 = 极度不透明,7 = 极度透明)。从上述取样结果中可以看出,新加坡 C_1 的指数是沿线最高的,指数为 6.3,说明相关政策的作出十分透明且易于被公众获取。阿联酋、爱

---

① Klaus Schwab, “*The Global Competitiveness Report* 2016 – 2017”, World Economic Forum, p. 353.

沙尼亚、马来西亚的政策透明度也较高，指数分别为5.6、5.1、5.1。以色列、捷克、立陶宛、斯洛文尼亚、塔吉克斯坦、俄罗斯和蒙古处于中上水平，其他取样国家的指数基本保持在3.5左右。也门最低，测值为3.0。

C_2主要是为了观察在进出口过程中经营者是否需要支付额外的费用或者贿赂海关，以检测海关腐败程度（1 = 十分普遍，7 = 从来没有）。与C_2的测评结果相似，新加坡、阿联酋和爱沙尼亚依旧保持较高水平，海关清廉度较高。以色列、斯洛文尼亚、立陶宛、波兰、马来西亚的海关也较为廉洁。也门、孟加拉国、吉尔吉斯斯坦、尼泊尔的海关腐败程度极高，指数分别为2.1、2.2、2.6、2.9。

综合C_1和C_2的测评结果可知，南亚和中亚整体海关环境较差，东南亚和中东欧国家海关环境良好，这得益于东盟和欧盟两大组织在贸易便利化方面做出的努力。西亚北非国家依旧表现出巨大的两极分化态势，不便于推行统一的贸易便利化措施。

4. 市场准入

市场准入指标主要是为了衡量沿线国家的关税壁垒程度。市场准入有两个二级指标，M_1（国内市场准入）和M_2（外国经营者市场准入）。根据WEF对M_1的解释，①M_1主要用于评估一国国内贸易政策造成的关税保护程度和复杂性，M_2主要用于评估一国在出口时，可能面临的进口国的关税壁垒程度。通过比较M_1和M_2的指数，可以判断沿线国家的进出口关税壁垒的差异性，以便评估货物在出口目的地国可能面临的关税壁垒和后续经营者面临的关税壁垒（1 = 极差，7 = 极高）。

在国内市场准入方面，新加坡测值为7，说明其国内市场准入水平全球领先，关税壁垒为零。马来西亚、阿联酋、以色列和中东国家的测评指数较高，基本处于5.1～5.7。尼泊尔、伊朗国内关税壁垒程度较为严重，分别为2.9、2.4。在国外市场准入方面，尼泊尔拔得头筹，准入程度最高（6.5）。新加坡、马来西亚、阿联酋这三个国家与尼泊尔相反，相比于其

---

① See World Enabling Forum, “*Global Enabling Trade Report* 2016”, A joint publication of the World Economic Forum and the Global Alliance for Trade Facilitation, 2016, p. 14.

国内市场准入的优异成绩,外国市场准入的指数普遍较低,分别为4.0、3.3、2.1,壁垒程度较高。也门一反常态,在国内外市场准入方面都表现出不俗的成绩,分别为4.5、5.1。

除尼泊尔以外,沿线国家的外国市场壁垒程度普遍高于国内水平。东南亚、南亚和西亚北非国家的差距较大,伊朗垫底($M_1=2.4$,$M_2=1.8$),成为沿线国家中整体市场准入程度最低的国家。

第三节 “一带一路”贸易便利化的推进

“一带一路”沿线国家贸易便利化存在的主要问题是通关效率低下、基础设施不完善。从上述分析可以看出,无论是在加入国际组织的数量上,还是在贸易便利化指标的测评中,“一带一路”沿线各个区域之间、各个区域的国家之间在贸易便利程度上良莠不齐,虽然《贸易便利化协定》为推进“一带一路”贸易便利化提供了可以参照的多边规则,但是“一带一路”贸易便利化发展现状呈现多层次、交叉重叠和部分国家边缘化等多种特点,很难构建适合整体的统一措施。根据国务院2015年2月25日发布的《国务院关于印发落实“三互”推进大通关建设改革方案的通知》(以下简称《通知》)的规定,在合作机制方面,要“积极利用现有双多边合作机制”,因此,“一带一路”贸易便利制度的建构必须从区域、双边和单边三个层面来规划。

一、“一带一路”贸易便利化现存问题的完善

从上述的现状分析和各项指标的分析中可以看出,“一带一路”的沿线国家目前主要存在贸易便利化规则单薄且执行力较差,地区安全环境较差,海关基础设施建设水平落后等问题。由于通关政策等缺乏一定的透明度,存在较多的非常规性支付,即使是位列前10位的沿线国家,其海关环境的评价指标与位列后10位的沿线国家也几近一致,如斯洛伐克。此外,海关服务指数、清关效率、进口手续办理时间、进口边境合规检查时

间、进口手续成本、进口合规成本、出口合规检查时间、出口文件成本、出口合规成本、进出口过程中支付的额外费用等因素都可能影响货物通关的效率。从目前“一带一路”沿线国家海关的行政能力来看，大部分国家的边境管理效率评价指数较低，这与各国的海关现代化改革程度和速度有极大的关系。随着《贸易便利化协定》的生效，各国对该多边协定的支持力度较大，作为 FTA 的签署国之一，中国有责任维护多边规则，FTA 也必然成了“一带一路”国家推行海关现代化的主要参照。

（一）分阶段推行“单一窗口”，逐步简化过境手续

在第三章中，本文已经论述了“单一窗口”模式对海关清关的重要性，“单一窗口”模式能够整合在报关、清关过程中产生的各类行政手续，并借助电子信息平台将信息快速传递和分发，是未来各国海关进行现代化改革的重点内容。但是，“一带一路”沿线国家众多，海关系统发展不均衡，加之“单一窗口”的建设需要良好的通信技术支持、人力财力支持、法律法规保障和行政管理技术的配合等条件，“一带一路”沿线国家的“单一窗口”建设工程更加复杂和困难。

根据国际上对“单一窗口”建设的阶段性经验的总结，①“单一窗口”是一个不断进化着的概念，目前主要分为五个阶段：第一阶段是“无纸化海关”②；第二阶段是“监管性单一窗口”③；第三阶段是港口单一窗口或 B2B 港口公共系统④；第四个阶段是充分整合的单一窗口⑤；第五个阶段

① See Ten Years of Single Window Implementation: Lessons Learned for the Future, a discussion paper by Jonathan Koh Tat Tsen, during the 2011 Global Trade Facilitation Conference, http://www. unece. org/fileadmin/DAM/trade/Trade _ Facilitation _ Forum/BkgrdDocs/TenYearsSingleWindow. pdf.

② 即采用无纸化报关制度。

③ 即将无纸化海关与其他发布贸易、进出口、过境相关许可证和证书的监管机构及其他相关文件相结合。通过电子方式联系贸易商和海关后，各国可以制定一个单一窗口文件的电子交换系统，连接几个或所有处理进出口监管的政府机构。该系统允许申请和发放进出口电子许可证和证书以及政府机构之间的交流。

④ 即扩大单一窗口以服务于机场、海港或陆港内的整个贸易和物流。发展单一窗口的下一个阶段是将主要机场、海港或边境的私营部门利益相关者和中介机构进行整合。该系统有时被称为港口公共系统（Port Community Systems，PCS）或港口单一窗口。

⑤ 即建立整合性国家物流平台，将各行政部门、公司和服务部门相互联系，更好地管理整个进出口业务链。

是跨境单一窗口交流平台[①]。据此,我们可以分别对照沿线各国目前所能达到的建设水平,分对象、分阶段地逐步展开“一带一路”单一窗口的建设工作。

在具体的建设工作上,主要问题有两个,一是资金问题,二是技术支持问题。资金的问题可以通过自筹、接受援助、私营部门出资、用户支付和收费、设立专项基金等方式来解决,这些方式的优劣点笔者已经在第三章中作出介绍,此处不再赘述。从“一带一路”沿线各国目前的经济状况来看,大多数政府的财政能力不足以通过自筹来建设“单一窗口”。接受援助者的贷款虽然能够获得持续的资金,但是资金的使用灵活性有限。捐赠和私营部门出资都不具有可预见性和持续性,只适合建设工程中的短期建设项目。用户支付和收费对无疑会加重贸易商的成本,无法使贸易更加便利。目前还没有专门针对“单一窗口”建设的专项基金,但是作为贸易便利化的一部分,可以适用 FTA 中的援助和能力建设制度,但只限于成员方。因此,“一带一路”沿线国家单一窗口的资金筹备可以分为以下几种路径:(1)属于 FTA 成员方的沿线不发达国家可以借助 FTA 的援助制度,也可以单独采用其他方式或方式的组合;(2)不属于 FTA 成员方的沿线发达国家可以通过政府自筹,也可以采用其他方式或方式的组合;(3)不属于 FTA 成员方的沿线不发达国家和最不发达国家,可以通过捐助者的贷款、捐赠(用于短期的建设项目)、私人资本注入和通过丝路基金以及亚投行贷款等方式。

“一带一路”国家之间可以通过对话、谈判等多种合作方式,进行资金和技术的交流、合作、援助。

(二)设立贸易便利化联络机制,提高海关事务透明度

信息不对称是“一带一路”沿线国家通关效率低下的一个重要因素,也是提高海关通关效率的一个重要方面。增强信息的对称性、提高沿线各国海关事务的透明度将是“一带一路”海关能力建设的重点。FTA 建

① 即将国家单一窗口互连整合到双边或区域跨境电子信息交流平台。电子跨境信息交流是区域一体化的重要手段,也增强了贸易国家之间的安全、互信和合作。

议设立贸易便利化委员会，并建立和公布联络点、咨询点，旨在为成员方搭建一个联络和信息沟通平台。“一带一路”可以借鉴这一制度设计。

第一，设立类似于FTA贸易便利化委员会这样的机构，统筹“一带一路”贸易便利化事务的方方面面。“一带一路”区别于WTO这样的“硬治理”模式，因此，“一带一路”将来所设立的贸易便利化联络机制必然要突破“非成员方不得参与”这样的局限性。借助于“一带一路”国际高峰论坛这样的高端国际对话平台，将“一带一路”贸易便利化联络工作纳入议程之中，必然能够扩大该议题的影响力。贸易便利化联络机制一旦达成，“一带一路”国家在促进合规与合作的措施、信息交换、验证、请求、保护和保密、提供信息、延迟或拒绝请求、互惠、限制、监管互认等方面的合作将实现新突破。

第二，设立日常咨询点，便利各国政府、贸易商和相关利益方获取信息或者进行咨询。除了庞杂的统筹工作，各国应该自行设立咨询点，数量和形式由各国自行安排，但是需要保证咨询点的可获知性、必要性、信息更新的及时性和全面性。咨询点应当提供的信息包括与货物通关相关的一切程序性文件、税费、规则、法律法规等。具体事项可以参照FTA的列举，主要包括港口、机场和其他入境点的进口、出口和过境程序，以及相关的表格和文件；任何与进口或出口有关的税率、税费；政府机构在进口、出口或过境方面或与之相关的费用和收费；用于海关目的的货物的分类和估价规则；与原产地规则有关的法律、法规以及普遍适用的行政规则；进口、出口或过境的限制或禁止；违反进口、出口或过境手续的罚则；上诉或审查程序；与进口、出口或过境有关的国家的协定；与关税配额管理有关的程序。

（三）设置共同监管区，加强边境执法合作

“一带一路”合作发展的对象上没有地域的限制，但本身在地理位置上有一定的特指，目前的“一带一路”国家在地理位置上大多处于一种彼此相邻的关系，互相之间存在多种运输路线，包括跨境运输路线。对于这样的状况，在货物进出监管、检验检疫等方面有必要通过边境海关联合执法的方式，协调和简化过境的手续，提高贸易效能。

如本文第二章所述，设立“共同监管区”的经验来自于泰国、老挝的首创，即出口货物如不存在明显违法情节或者线索，出口国可对货物直接放行，由两国联合执法人员在进口国对车辆和货物进行联合查验。这种“一次查验”的方式能够减少车辆和货物在通关过程中接受检查的次数，从而减少贸易商的等待时间，增强货物过境时间的可预测性，有效降低贸易成本。[①] 笔者认为，泰老的经验可以复制推广到所有“一带一路”沿线国家，如中国可以接壤的14个国家之间分别划定共同监管区，互派执法人员。

目前，“一带一路”沿线国家设立共同监管区主要存在两个问题：一是共同监管区需要借助良好的基础设施和“单一窗口模式”，而沿线国家目前的海关基础设施和单一窗口建设水平参差不齐，需要相邻国家之间的协调与互助，在两国海关能力建设水平相差较大的情况下，必须由一方主导。二是设立共同监管区需要依靠具体的执行方案，两国需要进行磋商与谈判，并制定明确的合作协议，由双方具体执行，谈判时间是不可预测的。因此，共同监管区的建设不可能一蹴而就。

(四)多途径推进“一带一路”海关基础设施建设

在基础设施建设方面，沿线国家的整体水平偏低，除新加坡、马来西亚和阿联酋获得较高的指数外，其余贸易便利化排名前10位的沿线国家在该项的指数普遍低于5分(总分为7)，单项评分最低达到3分。“一带一路”沿线国家有的临海临江，有的深居内陆，在海关基础设施的形式要求上有较大的差异。临海临江的国家需要完善港口建设，内陆地区需要完善保税区建设，完善的基础设施是“一带一路”贸易便利化推进的基础保障。目前，“一带一路”沿线国家在海关基础设施上的问题主要是基础设施功能不健全、不完善，大多数基础设施需要进行现代化改革，以应对将来“单一窗口”、“无纸化通关”以及“一站式查验”等需求。具备现代化功能的海关基础设施是保障通关效率、提高海关行政能力的基础保障。

---

① SCC贸易便利化创新团队：《国别报告：湄公河上，友谊桥边——泰国与老挝海关设立共同监管区》，载微信公众平台：http://mp.weixin.qq.com/s/vnywoh3rK7GBXD4Xe6pbiw，最后访问日期：2018年11月21日。

海关基础设施建设作为“一带一路”基础设施建设的重要组成部分同样面临严峻的资金缺口。亚洲开发银行每年在基础设施建设上的放贷量仅为100亿美元,与“一带一路”基础设施8万亿元的资金缺口差距甚大。因此,在海关基础设施建设模式的选择上,必须采用多方合作的模式,即PPP模式。

从理论上来讲,PPP模式在“一带一路”海关基础设施建设中有较大的优势。首先,PPP模式能够有效缓解“一带一路”沿线国家的财政困难,以充足的资金确保海关基础设施的建设和运营;其次,PPP模式作为一种新型的政府采购,能够革除传统政府采购的弊病,以有效的竞争程序保障海关基础设施项目在建设和运营中的效率;最后,PPP模式可以对风险较大的项目以特许经营模式实施,使政府和社会资本共担风险,有效保障项目的顺利实施。

从“一带一路”沿线国家实际的经济制度来讲,大多数国家的公有制较为发达,私人和外资的市场准入难度较大。公有制发达的国家必然会警惕PPP模式下的“私有化问题”,PPP模式在沿线国家的海关基础设施建设中可能会出现水土不服。

因此,PPP模式在“一带一路”海关基础设施建设中的适用不但需要识别和应对政治风险和法律风险,还面临与当地经济制度冲突的问题,因此,不能将PPP模式生搬硬套到所有沿线国家的海关基础设施建设中去。在投资工作开始之前,应该对相关国家的投资准入制度和程序、税收制度、外汇管理、金融制度、合同法、行政法等进行深入调查,作全面的分析与评估,形成风险评估报告,对于不符合PPP模式的项目工程要谨慎投资。同时,作为“一带一路”建设的发起者,中国在“一带一路”贸易便利化工作的推进中有责任提供符合“一带一路”实际中国方案,对于暂时不能适用PPP模式的海关建设工程,中国可以与该国政府一道研讨具体的解决方案。

二、“一带一路”贸易便利化合作机制的建构

上述解决方案是对“一带一路”沿线国家在贸易便利化建设中存在

的共性问题作出的回应，在具体的推进工作中，需要结合各个区域、各个国家的实际情况制定个性化的方案，中国需要寻求与沿线国家开展贸易便利化合作的路径。现有区域的和双边的合作机制是“一带一路”贸易便利化推进的重要桥梁，中国可以通过对话合作等多种方式参与到现有区域合作机制中去，同时积极展开双边贸易便利化合作路径，提升和弥补区域贸易便利化合作的广度和深度。对于既不加入区域协定，又不能进行双边合作的国家，中国和沿线国家可以通过单边开放自由贸易园区的方式，推进“一带一路”沿线国家之间的贸易便利化合作。

（一）强化区域贸易便利化合作机制

“一带一路”本身不是一个区域性的概念。这里的区域泛指涉及“一带一路”沿线国家的现有区域安排，不仅包括经济合作中形成的区域，如东盟、欧盟、欧亚经济联盟等，也包括因地理环境形成的自然区域，如东南亚、南亚、西亚北非、中东欧等。从目前沿线国家所在的几大自然区域来看，各个区域几乎都形成了一定的经济合作安排，这在本章的第一节中已作了介绍和分析。“一带一路”贸易便利化的区域合作重点是强化和提升现有规则，扩大区域在贸易便利化问题上的合作范围，积极与各个区域安排展开对话合作。“一带一路”贸易便利化不是中国另起炉灶的做法，中国在《推进“一带一路”贸易畅通合作倡议》中已经明确表示要维护以WTO为基石的多边贸易体制，并将加强“一带一路”建设与其他倡议和计划的对接与合作，因此，“一带一路”贸易便利化的推进将以WTO的《贸易便利化协定》为主要参照蓝本。

目前，中国参加的区域经济合作机制主要包括金砖国家（BRICS）、中亚区域经济合作（CAREC）[①]、上海合作组织（SCO）[②]、亚太经合组织、中

---

① 成员方包括中国、阿富汗、阿塞拜疆、哈萨克斯坦、吉尔吉斯斯坦、蒙古国、巴基斯坦、塔吉克斯坦、土库曼斯坦、乌兹别克斯坦和格鲁吉亚。

② 2007年签署了《上合组织成员方政府间海关合作与互助协定》、关于海关领域简化手续和深化经济经济合作的其他文件，以及《2016～2021年上合组织成员方海关合作纲要》，并在历次上合组织成员方政府首脑理事会上不断深化和落实。

国—东盟自由贸易区、《关系协定》[①]等。这些区域合作组织的成员方囊括了中亚国家、独联体国家、东盟国家、部分东亚国家(韩国、日本)、部分美洲国家(智利、墨西哥、美国),以及新西兰、澳大利亚等发达国家,在区域合作上较为松散的是与南亚国家、西亚北非国家、中东欧国家。中国推进区域贸易便利化合作需要从以下几个方面进行努力:

第一,坚决维护世贸组织的多边贸易便利化协定,在区域贸易便利化合作中,以《贸易便利化协定》作为基本的参照,不断提升和推进区域贸易便利化水平。

第二,加快推进与现有区域经济机制之间在贸易便利化领域的合作,特别是要进一步加快与和区域之间的海关能力建设、基础设施建设,协调和简化通关手续。

第三,寻求与其他区域经济组织之间的合作机会,拓展“一带一路”贸易便利化的区域合作范围,如欧盟、欧亚经济联盟。同时,需要尽快建立与南亚、西亚北非和中东欧等沿线区域的合作关系,保证各个区域在贸易便利化领域的均衡发展。

贸易便利化比降低关税对促进贸易流量以及经济发展更为有效,[②]这一优势能够加强中国与区域经济组织之间的利益共识。推进贸易便利化与区域经济发展之间能够形成一种相互作用的模式,提升区域贸易便利化水平能够促进区域经济的发展,区域经济的发展在将来也必然需要依靠更为便利的贸易合作机制,让区域经济合作更加紧密。由于区域经济合作机制能够扩大贸易便利化在各个成员方所在区域的影响力,中国应该不断寻求与区域经济组织之间更为广泛的合作模式。

---

① 《区域全面经济伙伴关系协定》(以下简称《关系协定》)是东盟倡导的,旨在深化亚太地区经济一体化进程的区域性经济合作联盟。参与首轮谈判的国家有东盟十国、中国、韩国、澳大利亚、新西兰和印度。《关系协定》是一个开放性的多边协定,其他经济体可以申请加入。《关系协定》是建立在东盟十国经济一体化的基础上,并充分考虑到了中国、韩国、澳大利亚、新西兰和印度与欧盟早期谈判的成果。因此,《关系协定》的地点较高,在贸易便利化方面也具备较为成熟合作模式。

② 参见叶明、张磊:《贸易便利化对金砖国家区域经济合作影响分析》,载《复旦大学学报》2013 年第 6 期。

(二)发挥双边贸易便利化的弹性功能

双边贸易便利谈判虽然会造成多边和区域安排的碎片化,但其具有比区域谈判更大的灵活性,一对一的谈判使双方的条件更为明确,在协议的条款安排上更能关注对方的实际情况,使协议更具执行力。对于没有进入区域性安排的沿线国家,可以根据具体情况分类进行,分类的标准应该基于各国目前所参加的国际贸易组织和协定。在本章的第一节中,本文以是否加入 FTA 或者 WTO 将沿线国家划分为三类,即只加入 WTO 的国家、同时加入 WTO 和 FTA 的国家、既没有加入 WTO 也没有加入 FTA 的国家。FTA 作为最新的多边贸易便利化谈判成果,在双边贸易便利化合作中,中国依然坚定维护贸易便利化的多边成果。因此,在双边自由贸易协定的谈判中,对于各国在贸易便利化领域的基本要求应该以 FTA 作为基础的划分标准。具体而言:

第一,对于同时加入 WTO 和 FTA 的国家,将以 FTA 为基础,在双边谈判中应该设立高于 FTA 的贸易便利化标准,具体可以参照“中韩自由贸易协定”的条款设计。

第二,对于没有签署 FTA,但属于 WTO 成员的国家,在双边自由贸易协定中应该以 FTA 的便利化要求作为最低标准,根据这些国际的实际情况,可以适当地提高便利化要求。

第三,对于既不是 WTO 成员,又不是 FTA 成员的国家,可以将 FTA 作为第一阶段谈判的最高标准,分阶段达成各项便利化措施。

现有的双边协定都遵循三个基本原则:一是尽可能与 WCO 等确立的便利措施和国际标准保持一致;二是所有便利化措施都应本着必要性的原则,避免随意性和无根据的手续障碍;三是在条款设计上留有开发空间,要求对便利化措施定期审议,寻求便利双边自由贸易的最佳方案。这三个基本原则充分展示了双边协定的弹性功能,对于区域合作中存在的弊端起到了良好的填补作用,有助于促进“一带一路”贸易便利化的推进。

中国推进“一带一路”贸易便利化,不仅需要在多边贸易便利化规则的基础上探索“一带一路”贸易便利化需要解决主要问题,还需要考察自身贸易便利化措施对“一带一路”贸易便利化的促进可能。即促进和发展与沿线国家的双边自由贸易协定,并不断提升单边自由贸易园区的便利化水平,寻求与沿线国家在各自自由贸易园区层面的合作。

第四节 “一带一路”贸易便利化与中国

一、中国在推动“一带一路”贸易便利化中的障碍与困难

“贸易畅通”是“一带一路”五通的重要内容,它关系“一带一路”沿线国家的贸易水平和经济发展。WTO 多边《贸易便利化协定》的成功为“一带一路”贸易便利化提供了广泛的国际法律框架,特别是在货物通关的措施与执法合作方面,《贸易便利化协定》集结了 WTO 成员方二十多年的智慧,是实现贸易便利化所要达到的基本标准。但是,WTO《贸易便利化协定》的多边规则并不能直接适用于“一带一路”。原因有以下三点:

第一,正如前一章所统计,在“一带一路”沿线国家中,约 25% 的国家并非《贸易便利化协定》的缔约国,因此,我国与此类国家缺乏多边推进贸易便利化的国际法基础。

第二,更为重要的是,因为《贸易便利化协定》中创造性的规定了发展中国家和最不发达国家成员的“特殊与差别待遇原则”,在条款分类方面,《贸易便利化协定》将条款分为 A、B、C 三类,各成员方根据自身情况确定各类条款的范围,而“一带一路”沿线国家多为发展中国家和最不发达国家,所以有相对较大比例的国家属于《贸易便利化协定》中享受特殊与差别待遇的国家。根据《贸易便利化协定》的安排,中国与上述此类国家的贸易便利化在短期内难以达到互惠的水平。换言之,我国的中小微企业难以通过《贸易便利化协定》在“一带一路”沿线国家获得充分的贸易利益。

第三,《贸易便利化协定》本身系国际社会多边层面妥协的产物,且从协定的内容看,重点是调整各成员方行政监管措施的国际协定,主要追

求的是国家的行政效率,但关于效率的实施水平,当今国际社会还缺乏权威的评判标准。因此,对于各成员方是否实施了《贸易便利化协定》中的自身义务以及实施的水平如何,均难以作出真实的评价,进而《贸易便利化协定》本身能否高效实施也存在疑问。此外,《贸易便利化协定》中关于对发展中国家和最不发达国家的援助虽然有规定,但各国学者多认为发达国家能否充分履行援助义务仍不明确,故短期内难有现实效果产生。

除统一多边层面的法律机制外,区域协议也可成为促进贸易便利化的重要手段。本书第五章中已统计分析了“一带一路”沿线国家中现存的区域协议,故不难得出结论:在“一带一路”贸易便利化的推动中,也缺乏完整且具体的区域贸易协定。而区域协定的碎片化及一般缺乏争端解决机制和实施机制,导致数量繁多的区域协定中效果显著的并不多。

笔者认为,“一带一路”沿线国家间的贸易便利化推动的核心困难是国家间海关能力的根本性差距,既包括可见的硬件差距——基础设施、软件差距——海关人员素质等,也包括看不见的差距国家文化传统、国民素质、国家的合作意愿等。其中,有些差距是可以通过较低成本的援助解决的,有些则需要较高的援助成本,而有些则不属于援助可以解决的问题。传统意义上,通过缔结条约的方式推动国家间合作的模式,在推动“一带一路”沿线国家间贸易便利化合作方面固然有其相应的意义,但也不能完全满足中国的实际需求。因此,中国推动新的国家间合作模式势在必行。

二、中国在推动“一带一路”贸易便利化合作中的创新

自中国于 2013 年 9 月首次提出“一带一路”倡议以来,中国在推进“一带一路”建设的征程中已行进了五年多的时间,在“贸易畅通”方面,中国利用与有关国家既有的多边、双边、区域等合作机制,积极推动“单一窗口”、AEO 互认、无纸化通关、海关执法合作、海关基础设施建设等贸易便利化工作,取得了显著成效。从我国目前在贸易便利化方面的动态可以看出,区域和双边的 FTA 以及单边的自由贸易园区重在提供海关通关效率,减少通关时间和贸易商的通关成本,但是在贸易便利化合作层面依然存在很大的提升空间,有待中国进一步去追求。

诚然,中国可以进一步通过援助等方式方法,解决“一带一路”沿线国家看得见的问题,如海关措施现代化、海关基础设施建设和海关能力建设。从现实情况看,促进“一带一路”沿线国家根据国际条约整体提高贸易便利化水平难度很大,需要投入的资金缺口也很大,而中国作为一个发展中的国家,实际情况也不允许中国用俗称“撒胡椒面”的方式去全面推动各国的建设。因此,中国应致力于推动新的合作模式的形成。笔者在本书第五章中专节介绍了自由贸易园区,笔者认为,通过重点建设自由贸易园区及自由贸易园区间的国际合作是一种可行的新的合作模式。

实际中,国家间开展贸易合作时,从来都不刻意追求本国的每一个城市与对方国家每一个城市均开展贸易。通常情况下,国家通过本国的某个或某几个贸易“枢纽点”(比如中国的上海等)城市开展合作。因此,现阶段中国在推动“一带一路”贸易便利化进程中,也没有必要“撒胡椒面”地去全面提升全国及沿线所有国家的每个海关建设,而是应当集中资源重点突破的方式展开贸易便利化合作。具体来讲,在国家间自由贸易协定中增加专门的条款,各成员方制定在贸易“枢纽点”城市特定的设立高标准、高要求的自由贸易园区,通过国家间自由贸易园区“点对点”的贸易便利化合作,再以点带面推动国家间自由贸易的发展。至此,即使需要中国向特定国家提供援助,该援助也可以控制在一个相对较低的层面。此外,基于贸易便利化措施本身具有普遍性特质,“一带一路”沿线国家建立自由贸易园区后,不但能提升与中国间的贸易便利化合作水平,同时也能提升了其与其他国家间的贸易便利化水平。因此,如不存在其他干扰因素(如政治因素等),通常可以认为“一带一路”沿线国家也应该愿意与中国开展此种新的合作模式。

贸易便利化有助于消除大部分的非关税壁垒,而非关税壁垒的消除能够为经济发展带来显著地收益。鉴于“一带一路”沿线国家贸易便利化水平上的巨大差异及法律制度上的诸多分歧,只有尝试突破传统的“老路”,才能更好地推进“一带一路”贸易便利化。

参考文献

一、中文文献

(一)专著类

[1]何力:《“一带一路”战略与海关国际合作法律机制》,法律出版社2015年版。

[2]朱秋沅:《欧盟关税法及其壁垒性研究》,法律出版社2017年版。

[3]周阳:《美国对外贸易区法律问题研究》,法律出版社2015年版。

[4]陈立虎:《自贸区法律制度研究》,法律出版社2016年版。

[5]洪俊杰、赵晓雷:《中国(上海)自由贸易试验区发展机制与配套政策研究》,科学出版社2016年版。

[6]庄芮、张国军、白光裕:《中国自由贸易区战略——理论与实践》,对外经济贸易大学出版社2015年版。

[7]徐泉:《国家经济主权论》,人民出版社2006年版。

[8]汤黎明、郑少华:《自由贸易区法律适用》,法律出版社2016年版。

[9]何明珂、刘文纲等:《贸易便利化与过境运输》,知识产权出版社2008年版。

[10]王茜、张磊:《多哈回合谈判2013年年度报告》,法律出版社2015年版。

[11]何志鹏:《国际经济法的基本理论》,社会科学文献出版社2010年版。

[12]刘志云:《当代国际法的发展:一种从国际关系理论视角的分析》,法律出版社2010年版。

[13]郑先武:《区域间主义治理模式》,社会科学文献出版社2014年版。

[14]李浩培:《条约法概论》,法律出版社2003年版。

[15]黄志雄:《WTO体制内的发展问题与国际法发展研究》,武汉大学出版社2005年版。

[16]吴宏伟:《中亚地区发展与国际合作机制》,社会科学文献出版社2011年版。

[17]刘彬:《RTAs涌现背景下国际贸易法治秩序的重构——一种外在的法社会学视角》,厦门大学出版社2012年版。

[18]邹磊:《中国“一带一路”战略的政治经济学》,上海人民出版社2015年版。

[19]陈晖、邵铁民:《海关法理论与实践》,立信会计出版社2008年版。

[20]朱秋沅:《国际海关法研究》,法律出版社2011年版。

[21]海关总署国际合作司编译:《京都公约总附约和专项附约指南》,中国海关出版社2003年版。

[22]刘卫东、刘志高:《“一带一路”建设对策研究》,科学出版社2016年版。

[23]海关总署国际合作司、上海海关高等专科学校、世界海关组织研究中心:《关于简化和协调海关制度的国际公约》(京都公约),法律出版社2001年版。

[24]周阳:《美国海关法律制度研究》,法律出版社2010年版。

[25]杨雪冬、王浩:《全球治理》,中央编译出版社2015年版。

[26]成思危主编:《从保税区到自由贸易区:中国保税区的改革与发展》,经济科学出版社 2004 年版。

[27]李泊溪、周飞跃、孙兵:《中国自由贸易园区的构建》,机械工业出版社 2013 年版。

[28]卞耀武:《中华人民共和国海关法释义》,法律出版社 2001 年版。

[29]郑跃声:《海关法律概论》,中国海关出版社 2002 年版。

[30][美]埃德加·博登海默:《法理学——法律哲学和方法》,张智仁译,上海人民出版社 1992 年版。

[31][澳]马丁·格里菲斯、[澳]特里·奥卡拉格汉等:《国际关系关键概念》,朱丹丹译,北京大学出版社 2015 年版。

[32][美]詹姆斯·巴克斯:《贸易与自由》,黄鹏等译,上海人民出版社 2014 年版。

[33][美]苏珊·蒂芬布恩:《世界及美国的自由贸易园区》,胡苑等译,法律出版社 2016 年版。

(二)期刊类

[34]刘冰、王瀚:《"一带一路"国际贸易便利化法律机制的现状、评价与发展路径》,载《宁夏社会科学》2019 年第 1 期。

[35]漆彤:《多哈回合之〈贸易便利化协定〉探析》,载《国际经济法学刊》2014 年第 21 卷第 4 期。

[36]曾文革、江莉:《〈贸易便利化协定〉视域下我国海关贸易便利化制度的完善》,载《海关与经贸研究》2016 年第 1 期。

[37]郭永泉:《中国海关促进贸易便利化的现状和对策》,载《海关与经贸研究》2017 年第 1 期。

[38]张晓静、李梁:《"一带一路"与中国出口贸易:基于贸易便利化视角》,载《亚太经济》2015 年第 3 期。

[39]张琳、东艳:《开放的区域主义背景下中国自贸区发展战略与实施路径》,载《中国市场》2015 年第 18 期。

[40]王立强、张凤:《中国贸易便利化进程及国际比较》,载《济南大

学学报》2015 年第 2 期。

[41]于文婕:《双边投资协定“投资”定义之范式解析——兼论中美双边投资协定之取舍》,载《现代经济探讨》2015 年第 2 期。

[42]王俊:《贸易便利化:三螺旋模型的理论视角及实现路径》,载《苏州大学学报》2014 年第 6 期。

[43]石少侠、车震震:《论海关事务担保法律性质的认定及其意义》,载《当代法学》2013 年第 1 期。

[44]杨荣珍、王玮:《〈贸易便利化协议〉的主要内容及影响分析》,载《对外经贸实务》2014 年第 11 期。

[45]黄志瑾:《WTO〈贸易便利化协定〉评述——多哈回合的突破?》,载《上海对外经贸大学学报》2014 年第 5 期。

[46]刘重力、杨宏:《APEC 贸易投资便利化最新进展及中国的策略选择》,载《亚太经济》2014 年第 2 期。

[47]何力:《多哈回合早期收获与〈贸易便利化协定〉》,载《上海对外经贸大学学报》2014 年第 2 期。

[48]王冠凤、郭羽诞:《上海自贸区贸易便利化和贸易自由化研究》,载《现代经济探讨》2014 年第 2 期。

[49]梁志文:《美国自由贸易协定中药品 TRIPS-Plus 保护》,载《比较法研究》2014 年第 1 期。

[50]王立武、杨柳:《美国自由贸易协定的电子商务条款探析》,载《亚太经济》2013 年第 6 期。

[51]曾令良:《多哈发展议程的困境与出路》,载《理论月刊》2004 年第 7 期。

[52]李轩:《东北亚地区贸易便利化的发展状况、面临挑战与对策研究》,载《亚太经济》2013 年第 6 期。

[53]韩冰:《美国对外投资政策法律新进展——基于 2012 年美国双边投资协定范本的分析》,载《国际经济评论》2013 年第 5 期。

[54]彭支伟、张伯伟:《TPP 和亚太自由贸易区的经济效应及中国的对策》,载《国际贸易问题》2013 年第 4 期。

[55]陈咏梅:《美国 FTA 范式探略》,载《现代法学》2012 年第 5 期。

[56]谢娟娟、岳静:《贸易便利化对中国——东盟贸易影响的实证分析》,载《世界经济研究》2011 年第 8 期。

[57]周阳:《美国经验视角下我国海关贸易便利化制度的完善》,载《国际商务研究》2010 年第 6 期。

[58]周阳:《论美国对外贸易区的立法及其对我国的启示》,载《社会科学》2014 年第 10 期。

[59]周阳:《美国对外贸易区分区发展的里程碑——"阿姆科钢铁公司诉思坦斯"案述评》,载《美国问题研究》2014 年第 2 期。

[60]周阳:《论美国对外贸易区的建立、发展与趋势》,载《国际贸易》2013 年第 12 期。

[61]张鲁青:《贸易便利化及中国的应对策略》,载《首都师范大学学报》2009 年第 3 期。

[62]胡晓红:《论贸易便利化制度差异性及我国的对策——以部分"丝绸之路经济带"国家为视角》,载《南京大学学报》2015 年第 6 期。

[63]东艳:《深度一体化、外国直接投资与发展中国家的自由贸易区战略》,载《经济学》(季刊)2009 年第 2 期。

[64]舒琴芳:《中国(上海)自由贸易试验区海关监管服务改革创新研究》,载《海关与经贸研究》2014 年第 5 期。

[65]李富有、何娟:《美国自由贸易协定战略及中国的应对措施》,载《西安财经学院学报》2007 年第 3 期。

[66]王勇:《WTO 的贸易便利观与中国的贸易便利化探析》,载《现代经济探讨》2007 年第 2 期。

[67]叶明、张磊:《贸易便利化对金砖国家区域经济合作影响分析》,载《复旦大学学报》2013 年第 6 期。

[68]刘雅楠、张马俊:《贸易便利化:发展中国家的机遇与挑战》,载《国际经济合作》2004 年第 7 期。

[69]朱永强、高正桥:《WTO 框架下贸易便利化问题探析》,载《华东经济管理》2003 年第 1 期。

[70]戴正清:《论〈贸易便利化协定〉对上海自贸区建设的借鉴意义》,载《上海金融学院学报》2015 年第 5 期。

[71]曾文革、江莉:《〈贸易便利化协定〉视域下我国海关贸易便利化制度的完善》,载《海关与经贸研究》2016 年第 1 期。

[72]盛斌:《WTO〈贸易便利化协定〉评估及对中国的影响研究》,载《国际贸易》2016 年第 1 期。

[73]夏春光:《对中国的贸易便利化问题的分析》,载《时代金融》2015 年第 33 期。

[74]冯宗宪、李刚:《“一带一路”建设与周边区域经济合作推进路径》,载《西安交通大学学报》(社会科学版)2015 年第 6 期。

[75]刘敬东:《多边体制 VS 区域性体制:国际贸易法治的困境与出路——写在 WTO 成立 20 周年之际》,载《国际法研究》2015 年第 5 期。

[76]张琳:《国际经贸新规则:中国自贸区的实践与探索》,载《世界经济与政治论坛》2015 年第 5 期。

[77]张明洲:《国际贸易单一窗口模式、演进及关键要素》,载《对外经贸》2014 年第 7 期。

[78]朱秋沅:《日本单一窗口的构建及其制度性启示》,载《外国问题研究》2011 年第 3 期。

[79]朱秋沅:《国际贸易便利化发展进程新特征分析》,载《国际商务研究》2011 年第 2 期。

[80]朱秋沅:《两岸单一窗口构建比较及其制度性启示》,载《亚太经济》2015 年第 3 期。

[81]薛俊海、武剑:《区域经济协调发展视角下的海关执政能力建设研究》,载《上海海关学院学报》2012 年第 1 期。

[82]匡增杰:《基于发达国家海关实践经验视角下的促进我国海关贸易便利化水平研究》,载《世界贸易组织动态与研究》2013 年第 1 期。

[83]张树杰、徐君:《海关现代化建设的全球行动:WCO“哥伦布计划”述评》,载《上海海关学院学报》2011 年第 2 期。

[84]赵福军:《运用 PPP 模式推进“一带一路”建设》,载《中国发展

观察》2016 年第 5 期。

[85]郭菲菲、黄承锋:《PPP 模式存在的问题及对策——基于"一带一路"沿线国家的分析》,载《重庆交通大学学报》(社会科学版)2016 年第 5 期。

[86]李思奇:《"一带一路"背景下中国与中亚五国贸易便利化的经贸效应研究》,载《东北亚论坛》2018 年第 4 期。

二、外文文献

[87] Carol Cosgrove-Sacks and Mario Apostolov, Trade Facilitaion: The Challenges for Growth and Development, United Nations Publication, 2003.

[88] Sheri Rosenow and Brian J. O'Shea, A Handbook on the WTO Customs Valuation Agreement Handbook of Customs Valuation, Cambridge, 2010 .

[89] N Icolas F. Di Ebold, Non Discrimination In International Trade In Services'Likeness' In WTO/GATS, Cambridge University Press, 2010.

[90] E. D. Mansfield and H. Milner, Votes, Vetoes, and the Political Economy of International Trade Agreements, Princeton University Press, 2012.

[91] Saloni Khanderia, Trade Facilitation: An Assessment of South African Experiences vis-a-vis WTO Disciplines, Journal of African Law, Vol. 60, No. 3, 2016.

[92] Wen Jin Yuan, Yasnanhia Cabral and Anton C. Yang, U. S. International Trade Commission's Trade Facilitation Roundtable, Journal of International Commerce and Economics, Vol. 1, 2017.

[93] Alex Ansong, Unclogging WTO Decision-Making with the Provisions on Amendments in Article X of the WTO Agreement, African Journal of International and Comparative Law, Vol. 26, No. 2, 2018.

[94] Wilson, John S., Catherine Mann, and Tsunehiro Otsuki,

Assessing the Potential Benefit of Trade Facilitation:A Global Perspective, The World Economy, vol. 28, No. 6, 2015.

[95] Ashley Kincaid Lloyd, The Trade Facilitation Agreement: Building Faith in International Trade in an Uncertain Time, Denver Journal of International Law and Policy, Vol. 45, 2017.

[96] Walkenhorst, Peter, and Nora Dihel, Trade Impacts of the Terrorist Attacks of 11 September 2001: A Quantitative Assessment, Paper prepared for the Workshop on the Economic Consequences of Global Terrorism, Berlin, June 12 - 13, 2002.

[97] Mehedi Hasan, Special and Differential Treatment in the WTO: Its Content and Competence for Facilitation of Development, Nnamdi Azikiwe University Journal of International Law and Jurisprudence, Vol. 7, 2016.

[98] Junji Nakagawa, Plurilateral Free Trade Agreements in the Asia-Pacific Region Sub-Regional Issues of Plurilateral FTAs Global Supply Chains and FTAs in East Asia and the Pacific, Asian Journal of WTO & International Health Law & Policy, vol. 440, 2013.

[99] Divesh Kaul, Eliminating Trade Barriers through Preferential Trade Agreements: Perspectives from South Asia, Tulane Journal of International and Comparative Law, Vol. 25, 2017.

[100] Raj Bhala, Poverty, Islamist Extremism, and The Debacle of Doha Round Counter-Terrorism: Part Three of A Trilogy-Trade Remedies and Facilitation, Denver Journal of International Law and Policy, vol. 237, 2002.

[101] Marie-Isabelle Pellan and Marn-Heong Wong, Trade Facilitation in ASEAN and ASEAN +1 FTAs: An Analysis of Provisions and Progress, Journal of World Trade, Vol. 47, No. 2, 2013.

[102] Heng Wang, The Agreement on Trade Facilitation and its Implications: An Interpretative Perspective, Asian Journal of WTO & International Health Law and Policy, Vol. 9, No. 2, 2014.

[103] John S. Wilson, Catherine L. Mann, Tsunehiro Otsuki, Trade Facilitation and Economic Development: Measuring the Impact, World Bank Policy Research Working Paper 2988, March 2003.

[104] Maureen Irish, Development, Reciprocity and the WTO Trade Facilitation Agreement, Manchester Journal of International Economic Law, Vol. 14, No. 1, 2017.

[105] Matthias Busse, Ruth Hoekstra and Jens Königer, The Impact of Aid for Trade Facilitation on the Costs of Trading, Kyklos, Vol. 65, No. 2, 2012.

[106] Bernard Hoekmanab; Ben Shepherdc, Who profits from trade facilitation initiatives? Implications for African countries, Journal of African Trade. Vol. 2, (No. 1 – 2), 2015.

[107] Amin, Mohammad; Haidar, Jamal, Trade facilitation and country size, Empirical Economics, Vol. 47, No. 4, 2014.

[108] Emile Kok-Kheng Yeoh and Shuat-Mei Ooi, Trade Facilitation: evelopments and the Way Forward for ASEAN and China, China Perspective Forum, Vol. 2, No. 1 & 2, 2012.

[109] Nora Neufeld, Trade Facilitation Provisions in Regional Trade Agreements: Traits and Trends, Journal of International Commerce, Economics and Policy, vol. 5, No. 2, 2014.

[110] Pellan, Marie ISABELLE; WONG, Marn-Heong, Trade Facilitation in ASEAN and ASEAN + 1 FTAs: An Analysis of Provisions and Progress, Journal of World Trade, Vol. 47, No. 2, 2013.

[111] Maria Perssona, Trade facilitation and the extensive margin, Journal of International Trade and Economic Development, Vol. 22, No. 5, 2013.

[112] Hindu Business Line, India: Panja for Rapid Economic Integration, Hindu Business Line, May 11, 2000.

[113] Nayar, Lola, SAFTA a Step Forward for Regional Development:

Experts, South Asia Monitor, August 5, 2004.

[114] Clark, Ximena, David Dollar, and Alejandro Micco, Port Efficiency, Maritime Transport Costs and Bilateral Trade, Journal of Development Economics, vol. 75, No. 2, 2004.

[115] Maskus, Keith E., John S. Wilson, and Tsunehiro Otsuki, An Empirical Framework for Analyzing Technical Regulations and Trade, in Quantifying the Impact of Technical Barriers to trade: Can It Be Done? Keith Maskus and John S. Wilson eds., University of Michigan Press, 2001.

[116] Moenius Johannes, Information versus Product Adaptation: The Role of Standards in Trade, Kellogg School of Management Northwestern University, 2004.

[117] David A. Gantz, Introduction to U. S. Free Trade Agreements, British Journal of American Legal Studies, Vol. 5, No. 2, 2016.

[118] Baier, S. L., and J. H. Bergstrand, The Growth of World Trade: Tariffs, Transport Costs, and Income Similarity, Journal of International Economics, Vol. 53, No. 1, 2003.

[119] Marie-Isabelle Pellan and Marn-Heong Wong, Trade Facilitation in ASEAN and ASEAN +1 FTAs: An Analysis of Provisions and Progress, Journal of World Trade, Vol. 47, No. 2, 2013.

[120] Evdokia Moisé, the Relationship between Regional Trade Agreements and the Multilateral Trading System, TD/TC/WP(2002)17/FINAL, 2002.

[121] Nora Neufeld, The Long and Winding Road: How WTO Members Finally Reached a Trade Facilitation Agreement, World Trade Organization Staff Working Paper ERSD-2014-06, April 7, 2014.

[122] Andrew Grainger, Customs and Trade Facilitation: From Concepts to Implementation, World Customs Journal, Vol. 2, No. 1, 2008.

[123] Deborah Elms, After Bali: What Happens Next with Asian Trade Facilitation, Asian Journal of WTO and International Health Law and Policy,

Vol. 9,No. 2,2014.

[124]Damon V. Pike, Interview with Ian Cremer, Technical Officer (Valuation), World Customs Organization, Corp. Bus. Tax'n Monthly 17,2011.

[125]Joann Peterson, An Overview of Customs Reforms to Facilitate Trade, Journal of International Commerce & Economics, Vol. 2017,2017.

[126] Izumi Hara, Canadian Customs Valuation: Moving toward Compliance with the MTN Code, Law and Policy in International Business, Vol. 16,1984.

[127] Nora Neufeld, The Long and Winding Road: How WTO Members Finally Reached a Trade Facilitation Agreement, World Trade Organization Staff Working Paper ERSD - 2014 - 06, April 7,2014.

[128]Gong Ting, Developments in US Trade Policy toward China and Outlook for China-US Trade Relations, China International Studies, Vol. 71, 2018.

[129]Antonia Eliason, The Trade Facilitation Agreement-Episode IV: A New Hope for the World Trade Organization, World Trade Review, vol. 14,2015.

[130]Janos Martonyi, Multilateralism and Regionalism in International Trade Law, ELTE Law Journal, Vol. 2016, No. 2,2016.

[131] Alex Ansong, Unclogging WTO Decision-Making with the Provisions on Amendments inArticle X of the WTO Agreement, African Journal of International and Comparative Law, Vol. 26, No. 2,2018.

[132] Gregory Shaffer, Retooling Trade Agreements for Social Inclusion, University of Illinois Law Review, Vol. 2019, No. 1,2019.

[133]Antonia Eliason, Development and Regional Trade Agreements: Entrenching Structural Inequities, Georgia Journal of International and Comparative Law, Vol. 46, No. 3,2018.

三、官方报告

[134] International Trade Centre (ITC), WTO Trade Facilitation Agreement: A Business Guide for Developing Countries, Geneva: ITC, Doc. No. BTP - 13 - 239. E, 2013.

[135] Trade Facilitation from a Developing Country Perspective, National Board of Trade, Sweden, 2003.

[136] World Trade Organization Annual Report 2014.

[137] BRIEF ON TRADE FACILITATION NEGOTIATIONS, Informal Note, September 2013.

[138] The WTO Trade Facilitation Agreement-Potential Impact on Trade Costs, OECD, Trade and Agriculture Directorate February, 2014.

[139] Trade Facilitation from an African Perspective, United Nations Economic Commission for Africa, Addis Ababa, Ethiopia, 2013.

[140] Dominique Njinkeu, John S. Wilson, Bruno Powo Fosso, Expanding Trade within Africa The Impact of Trade Facilitation, The World Bank Development Research Group Trade Team, December 2008.

[141] J. Michael Finger and John S. Wilson, Implementing a WTO agreement on trade facilitation : what makes sense ?, : Washington, D. C. : World Bank, 2006.

[142] RIS (Research and Information System for the Non-Aligned and Other Developing Countries). South Asia Development and Cooperation Report 2004. New Delhi, India, 2004.

[143] Subramanian, Uma, and John Arnold, Forging Subregional Links in Transportation and Logistics in South Asia, Washington, D. C. : World Bank, January 2001.

[144] Margareta Drzeniek Hanouz, Thierry Geiger, Sean Doherty, The Global Enabling Trade Report 2014, 2014 World Economic Forum.

[145] UNCTAD (United Nations Conference on Trade and

Development), E-Commerce and Development Report. Gen, 2001.

[146] OECD (Organization for Economic Cooperation and Development), The Impact of the Terrorist Attacks of 11 September 2001 on International Trading and Transport Activities, Unclassified Document TD/TC/WP (2002) 9/Final. Paris. eva: UNCTAD, 2002.

[147] World Bank, Global Economic Prospects: Realizing the Development Promise of the DohaAgenda 2004. Washington, D. C.: World Bank, 2004.

[148] WTO Trade Facilitation Agreement: A Business Guide for Developing Countries, International Trade Centre, 2013.

[149] Free Trade Area of the Americas Declaration of Ministers-Fifth Trade Ministerial Meeting, NAFTA. Law and Business Review of the Americas, Summer 2000.

[150] John S. Wilson, Tsunehiro Otsuki, Regional Integration in South Asia: What Role for Trade Facilitation? The World Bank Development Research Group Trade Team, December 2007.

[151] Walkenhorst, Peter, and Tadashi Yasui. "Quantitative Assessment of the Benefits of Trade Facilitation." TD/TC/WP2003 (31)/FINAL. Paris: OECD, 13 November, 2003.

[152] Jean-Christophe Maur, Regionalism and Trade Facilitation: A Primer, The World Bank Development Research Group Trade Team, January 2008.

四、电子文献类

[153] Moïsé, E, The Costs and Challenges of Implementing Trade Facilitation Measures, OECD Trade Policy Papers, No. 157, OECD Publishing, 2013. http://dx.doi.org/10.1787/5k46hzqxt8jh-en.

[154] The experiences of these countries may be found on the UNECE database at www.unece.org/cefact/single_window/welcome.html.

[155]Bryan Cave,ASEAN Single Window-Ready for STM?,http://csis. org/files/attachments/130829_GeorgeTan. pdf.

[156]Guilherme Mambo,Mozambique Customs,Mozambique Vision-The Steps for a Sustainable Single Window Implementation,2011 WCO IT Conference & Exhibition, www. wcoomd. org/en/events/event-history/2011/ ~ /media/0EC969169C25452B9D52C2C906C7CFF0. ashx.

[157] USAID, Impacts of The Single Electronic Window in Mozambique Impacts of the Single Electronic Window Importation and Exportation Modules After Nine Months of Operation in Mozambique, www. speed-program. com/wp-content/uploads/2013/03/2013 – SPEED-Report – 002 – Single-Window-Assessment-EN. pdf.

[158] MCLI (Maputo Corridor Logistics Initiative), Mozambique: Single Electronic Window Project for Trade Facilitation’,www. mcli. co. za/mcli-web/events/2010/04feb2010/005 – atm-eng. pdf.

[159]UNCTAD,The ASYCUDA Programme,The Swedish customs service athttp://www. tullverket. se/.

[160] “Ten Years of Single Window Implementation:Lessons Learned for the Future,” http://www. unece. org/fileadmin/DAM/trade/Trade_Facilitation_Forum/BkgrdDocs/TenYearsSingleWindow. pdf .

[161]EPCSA,How to Develop a Port Community System,European Port Community Systems Association (EPCSA)-“The Role of Port Community Systems in the development of Single Window,” 15 June 2011. The UNECE Single Window Repository,http://www. unece. org/cefact/single_window/welcome. htm .

[162]Dulbecco,P. and Laporte,How to Finance the Security of the International Supply Chain? A Global Approach for the Public Good,Centre d’études et de recherchesur le development international, April 2003. Azevêdo launches new WTO Trade Facilitation Agreement Facility to deliver support to LDCs and developing countries International organizations pledge

their support for implementing Trade Facilitation Agreement, available at https://www.wto.org/english/news_e/news14_e/fac_22jul14_e.htm.

[163]UNECE,"Case Stories:Trade Facilitation Implementation Guide-Mozambique",http://tfig.unece.org/cases/Mozambique.pdf.

[164] ASEAN Single Window Trade Facilitation for the ASEAN Economic Community,available onhttp://asw.asean.org/.

[165]David Hummels,Georg Schaur,Time as a Trade Barrier,NBER Working Paper No. 17758 Issued in January 2012,NBER Program(s):ITI. http://www.nber.org/papers/w17758.

[166] Cudmore, Edgar, and John Whalley, Border Delays and Trade Liberalization,University of Western Ontario and NBEER Peking University ESinfo, 2004. http://econpapers.repec.org/bookchap/nbrnberch/10140.htm.

[167]Hertel,Thomas W. ,Terrie Walmsley;and Ken Itakura,Dynamic Effect of the "New Age" Free Trade Agreement between Japan and Singapore,Journal of Economic Integration, Vol. 16, No. 4, 2001. http://docs.lib.purdue.edu/cgi/viewcontent.cgi?article=1015&context=gtapwp.

五、法律文件类

[168]Free Trade Agreement between Chile and Columbia.

[169]Free Trade Agreement between Panama and Chile.

[170]Free Trade Agreement between Panama and Peru.

[171]Free Trade Agreement between China and Costa Rica.

[172]Free Trade Agreement between the United States and Australia.

[173]Free Trade Agreement between the United States and Columbia.

[174]Free Trade Agreement between the United States and Peru.

[175]Free Trade Agreement between the United States and Moroccan.

[176]Free Trade Agreement between the United States and Chile.

[177] Free Trade Agreement between the United States and South Korea.

[178] Free Trade Agreement between the EU and South Korea.

[179] Free Trade Agreement between the EU and Chile.

[180] Singapore Ministerial Declaration, WT/MIN(96)/DEC.

[181] WTO documents G/C/W/132, G/C/W/133 and G/C/W/153.

[182] WTO Trade Facilitation Agreement.

[183]《关于简化和协调海关制度的国际公约》。

[184]《关于简化和协调海关制度的国际公约修正案议定书》。

[185]《贸易便利化协定》。

图书在版编目(CIP)数据

“一带一路”贸易便利化法律问题研究 / 刘冰著
. -- 北京 : 法律出版社, 2020
ISBN 978 -7 -5197 -4282 -9

Ⅰ. ①一… Ⅱ. ①刘… Ⅲ. ①对外贸易法-研究-中国 Ⅳ. ①D922.295.4

中国版本图书馆 CIP 数据核字(2020)第031523号

“一带一路”国际法学术文库

“一带一路”贸易便利化法律问题研究
“YIDAI YILU” MAOYI BIANLI HUA FALÜ WENTI YANJIU

刘 冰 著

责任编辑 韩满春
装帧设计 鲍龙卉

出版 法律出版社
总发行 中国法律图书有限公司
经销 新华书店
印刷 三河市龙大印装有限公司
责任校对 杨锦华
责任印制 陶 松

编辑统筹 学术·对外出版分社
开本 710毫米×1000毫米 1/16
印张 12.5
字数 168千
版本 2020年7月第1版
印次 2020年7月第1次印刷

法律出版社/北京市丰台区莲花池西里7号(100073)
网址/www.lawpress.com.cn
投稿邮箱/info@lawpress.com.cn
举报维权邮箱/jbwq@lawpress.com.cn
销售热线/400-660-8393
咨询电话/010-63939796

中国法律图书有限公司/北京市丰台区莲花池西里7号(100073)
全国各地中法图分、子公司销售电话:
统一销售客服/400-660-8393/6393
第一法律书店/010-83938432/8433 西安分公司/029-85330678 重庆分公司/023-67453036
上海分公司/021-62071639/1636 深圳分公司/0755-83072995

书号:ISBN 978-7-5197-4282-9
定价:68.00元